程序设计基础(C语言)实验与习题指导

主　编　杨永斌　丁明勇
副主编　何希平　张小莉　代小红

科学出版社
北　京

内 容 简 介

本书包括三章。第1章介绍 Turbo C 集成开发环境和 Visual C ++集成开发环境下编写、调试C程序所需的基本知识。第2章精心设计了20个与C语言程序设计知识点紧密相关的实验项目，实验1至实验19包括多个验证性实验、填空性实验、程序改错和设计性实验，实验20提供了5个综合性实验供读者进行课程设计时采用。实验项目采用任务驱动模式，每个实验目的明确、内容丰富、可操作性强，注重训练读者解决实际问题的能力、实际动手和应用能力。第3章按照C语言程序设计的知识体系进行分析讲解，包括知识要点复习、典型题例解析和自测训练，方便读者自主学习和复习，巩固所学知识，掌握典型的解题方法和思路。

本书是笔者多年的教学实践经验和实际案例的总结，内容丰富，讲解翔实，突出重点、难点和考点。本书既是一本实验指导书，也是一本学习、复习指导书。

图书在版编目(CIP)数据

程序设计基础(C语言)实验与习题指导/杨永斌，丁明勇主编. —北京：科学出版社，2012

ISBN 978-7-03-035336-8

Ⅰ.①程… Ⅱ.①杨… ②丁… Ⅲ.①C语言-程序设计-高等学校-教学参考资料 Ⅳ.①TP312

中国版本图书馆CIP数据核字(2012)第192603号

责任编辑：胡云志/责任校对：李　影

责任印制：赵　博/封面设计：华路天然设计工作室

科学出版社出版

北京东黄城根北街16号

邮政编码：100717

http://www.sciencep.com

保定市中画美凯印刷有限公司印刷

科学出版社发行　各地新华书店经销

*

2012年8月第　一　版　开本：787×1092 1/16

2025年2月第十四次印刷　印张：15 3/4

字数：404 000

定价：59.00元

(如有印装质量问题，我社负责调换)

前　言

C语言概念简洁，数据类型丰富、表达能力强、使用灵活方便、目标程序高、可移植性好，程序结构性和可读性好，兼具高级语言和低级语言的优点，既适合编写系统软件，也适合编写应用软件，是当今最具影响力、最流行的程序设计语言之一。

但对于程序设计的初学者来说，C语言规则较多，使用较灵活，不易掌握；另外，随着C语言的应用范围越来越大，所涉及的知识也在不断增加，学习有一定的困难。为了更好地满足课堂教学和读者自学的要求，培养读者的学习兴趣和实际应用能力，达到学以致用的目的，我们撰写了本书。

本书为读者提供了内容丰富的上机实验、知识要点复习、典型题例解析和自测训练。目的是帮助读者进行目的明确的上机实验，更好地消化教材内容，有计划地对所学知识进行复习总结和自测，提高学习效果。

本书包括三章。第1章介绍C语言程序设计开发环境（Turbo C、Visual C++）。第2章精心设计了20个与C语言程序设计知识点紧密相关的实验项目，实验1至实验19包括多个验证性实验、填空性实验、程序改错和设计性实验，实验20提供了5个综合性实验供读者进行课程设计时采用。实验项目采用任务驱动模式，每个实验目的明确、内容丰富、可操作性强，注重训练读者解决实际问题的能力及实际动手和应用能力。第3章按照C语言程序设计的知识体系进行分析讲解，包括知识要点复习、典型题例解析和自测训练，方便读者自主学习和复习，巩固所学知识，掌握典型的解题方法和思路。

另外，附录1给出了25个常用算法思想及其实现过程，每个算法先讲解求解思想，然后以函数形式给出其程序实现，并用主程序给出其调用实例。附录2是一套C语言模拟试题。

读者在学习程序设计语言时，要重点解决阅读程序和编写程序的能力。本书力求将程序设计方法、读程序技巧、编程序方法等巧妙地贯穿于实用性的实例之中，让读者耳目一新。同时本书非常注重对读者的分析问题能力、逻辑思维能力、解决问题能力的培养和训练。

本书编者都是长期担任“C语言程序设计”课程及计算机专业主干课程10年以上的一线教师，他们有丰富的课程教学经验，清楚什么样的书才是老师好用、学生受用的。本书是编者多年的教学实践经验和实际案例的总结，内容丰富，讲解翔实，突出重点、难点和考点。本书既是一本实验指导书，也是一本学习、复习指导书。

本书知识体系系统完整，可以作为C语言程序设计相关教程的配套实验教程和学习指导书。

本书由重庆工商大学杨永斌、丁明勇担任主编，何希平、张小莉、代小红担任副主编，并完成全书的编写、统稿、阅校工作。参与编写的还有龚维强、李德文、李昔华、龚黔芬、陈立志等。

本书的编写工作，得到了重庆工商大学计算机科学与信息工程学院院长黄正洪教授的指导和关怀，在此表示诚挚谢意！

由于时间紧迫，加之编者水平有限，书中难免有不足之处，恳请读者批评指正！

编　者

2011年10月

目　　录

第 1 章　C 语言程序设计开发环境

1.1　Turbo C 集成开发环境

1.1.1　Turbo C 2.0 的安装

Turbo C 2.0 是由美国研发的一个基于 DOS 平台的 C 语言程序开发软件，它集程序、编译、连接、调试为一体，具有速度快、效率高、功能强、使用方便等优点。

1. Turbo C 2.0 的系统配置

Turbo C 2.0 作为一个基于 DOS 平台的编译系统，要求的系统资源很小，仅占用 300K 左右的内存，而系统文件占用的磁盘空间不到 3MB。

2. Turbo C 2.0 的安装

在使用 Turbo C 2.0 之前，必须先熟悉其使用环境，而 Turbo C 使用环境的建立可以通过 Turbo C 系统提供的安装程序 install.exe 直接引导安装。但是也有些 Turbo C 编译系统通过直接复制运行，不需专门安装。

1.1.2　Turbo C 2.0 环境下调试程序的过程

1. 调试程序的过程

无论利用任何开发工具调试程序，都要经历编辑、编译、连接、运行等工作，在此过程中会产生相关的源程序文件、目标文件和可执行文件，如图 1-1 所示。其中编译的作用是将源程序编译成目标代码程序，连接的作用是将目标文件和库函数、相应的包含文件等连接成可执行文件（exe 文件）。

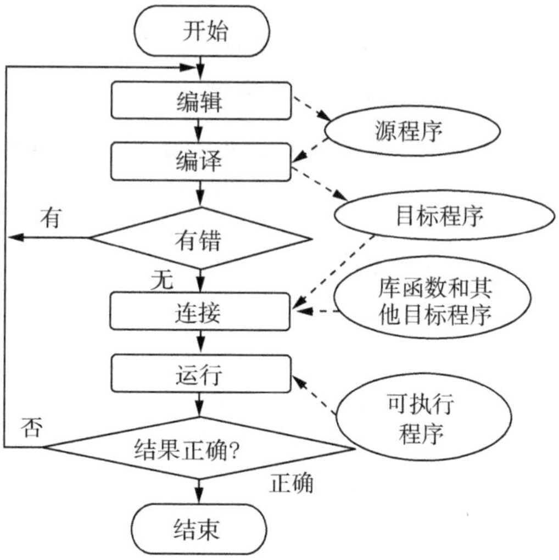

图 1-1　运行 C 程序的过程

2. Turbo C 2.0 工作环境

为确保程序调试的正确性，必须对源程序文件、目标文件和可执行文件的保存位置进行设定，同时还必须明确 Turbo C 的“包含文件”（Include 子目录）和库函数（Lib 子目录）的保存位置。因此，在程序编辑之前，应先确定 Turbo C 的工作环境。要确定 Turbo C 系统的工作环境，需要利用菜单栏上的 Options 菜单中的 Directories 选择项，如图 1-2 所示。其中 Directories 选择项中各子项的含义见表 1-1。

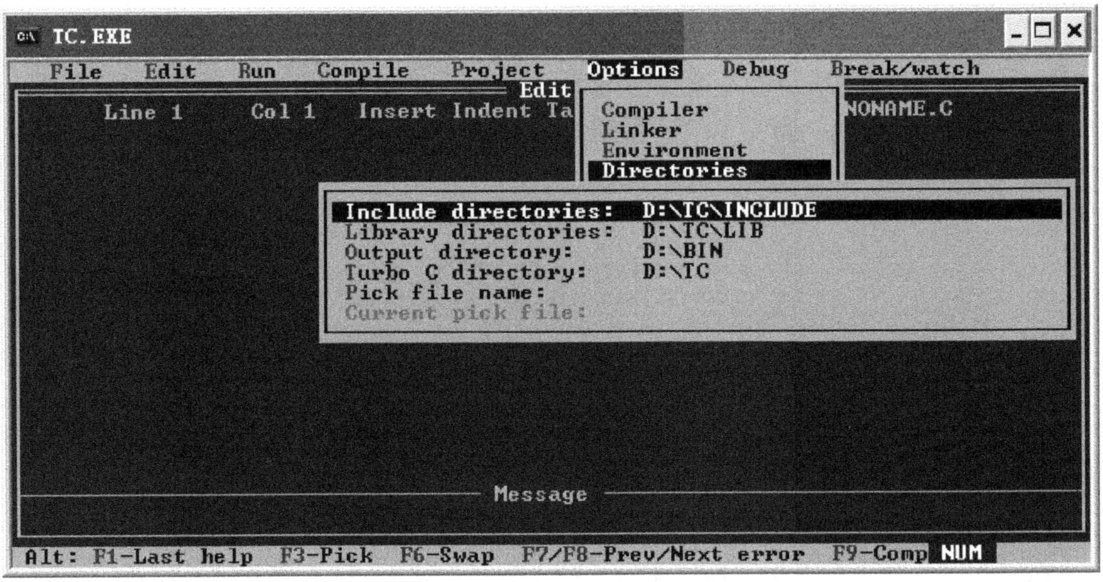

图 1-2 Turbo C 工作环境设置

表 1-1 Directories 选择项中各子项的含义

选 项	含 义
Include directories	定义包含文件所在目录
Library directories	指定库文件所在目录
Output directory	输出文件存放的目录
Turbo C directory	指定 Turbo C 系统文件所在目录

根据需要对这些选项进行设置，并保存这些设置信息，其保存的方法是通过 Options 菜单中 Save Options 选项来完成。

3. 利用 Turbo C 2.0 调试简单 C 程序

在 Turbo C 2.0 中，调试一个简单 C 程序的步骤如下。

```
#include "stdio.h"
void main()
{int k,x,y,temp;
  printf("请输入两个正整数:");
  scanf("%d,%d",&x,&y);
  temp=x*y;
  while(k= x%y)
   {x=y;y=k; }
  temp=temp/y;
  printf("最大公约为:%d\n",y);
  printf("最小公倍数为:%d\n",y,temp);}
```

其步骤如下。

1）新建或调入一个 C 程序

新建一个 C 程序，可以通过 File 菜单中的 New 选项来完成。在 Turbo C 所提供的编辑环境中，用户可将已编好的源程序逐行输入，发现错误可随时修改。

程序输入结束后，应先将程序保存起来。程序的保存可通过 File 菜单中的 Save 选项来完成，也可以用键盘上的 F2 键来进行。在保存源程序时，默认文件名为 NONAME. C，但是建议用户自己指定文件名。

当要编辑一个已经存在的程序时，可以选择 File 菜单下的 Load 选项，在 Load File 对话框中，输入准备调入的文件路径和文件名。

2）编译和连接

编辑、保存好 C 语言源程序后，可以通过 Compile 菜单下的 Compile to OBJ 选项来实现 C 源程序的编译，如图 1-3 所示。如果编译有错误，再修改，再编译，直到编译通过为止，此时，将生成目标代码程序。既可通过 Compile 菜单下的 Link EXE file 选项（图 1-4），也可通过 Compile 菜单下的 Make EXE file 选项或 F9 键完成编译和连接，最终生成可行文件。

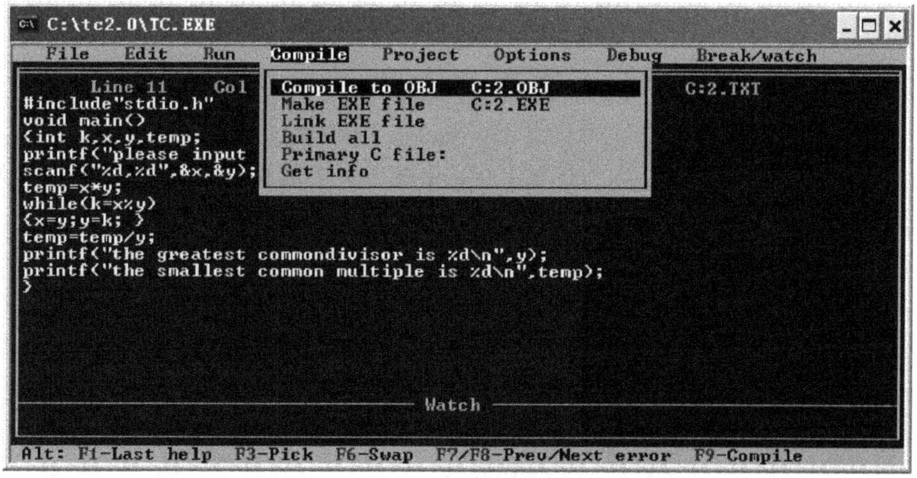

图 1-3　C 程序的编译

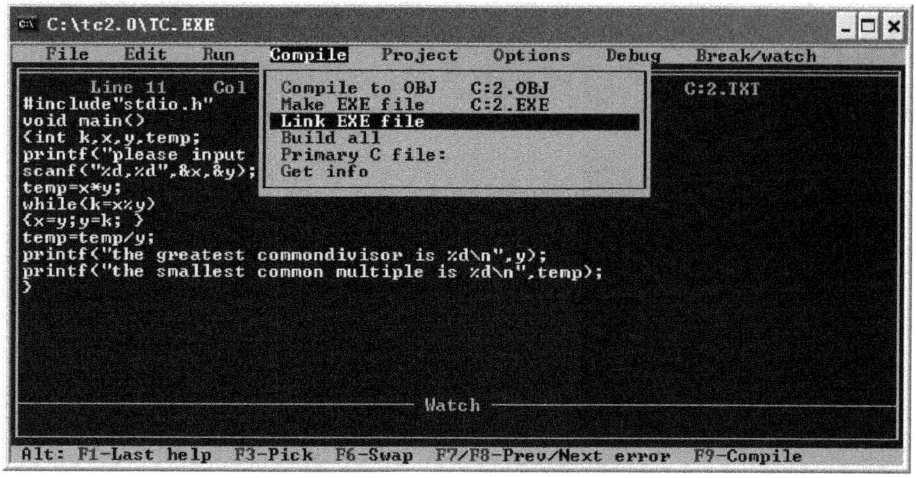

图 1-4　C 程序的连接

3）运行

当C语言程序通过编译和连接后，最终将生成可执行文件。此时，可以在Run菜单中执行Run命令或使用Ctrl+F9执行可执行文件，可通过Run菜单中的User screen选项来查看运行结果。

4）C语言程序的动态调试

C语言程序的编译和连接过程中没有出现错误，不表示所得运行结果一定正确。编译系统只能检查出语法错误，而无法检查出逻辑错误。因此，当发现结果出现问题时，也需要对源程序进行调试。常见的调试方法有两种：一是单步执行法，即按一次F7键执行一行，用户可以逐行检查相关的变量和表达式，以便发现问题。同时可以在编辑窗口中查看变量值的变化情况；二是设置断点法，对较长的程序，可在程序中设置若干个断点，将程序划分成若干个小块，一个小块一个小块地执行检查。用Ctrl+F8完成断点行的设置，反复使用Ctrl+F9键可实现从程序的第1行语句到第1断点或从一个断点到另一个断点的执行。

1.2 Visual C++集成开发环境简介

Visual C++（简称VC或VC++）是Microsoft公司推出的目前使用极其广泛的基于Windows平台的可视化集成开发环境。由于Visual C++功能强大、使用灵活、可扩展性强，同时具有强大的Internet支持，其从各种C++开发工具中脱颖而出，成为目前最为流行的C++集成开发环境。

Visual C++集代码的编辑、编译、连接、调试于一体，以方便、友好的界面呈现在程序员面前。它不仅可以直接运行C和C++程序，而且还提供了MFC（Microsoft Foundation Class）及开发工具，用于快速地创建Windows应用程序框架。目前，Visual C++已经成为开发Windows应用程序的主流工具。

Visual C++可以单独安装，也可与Visual Studio同时安装。

1.2.1 Visual C++集成开发环境

Visual C++启动后将打开一个工作区窗口如图1-5所示。它主要包括工具栏、菜单栏、输出区和项目工作区等。

1. 菜单功能

菜单栏主要包括如下选项。

（1）文件：用来创建、打开、保存工程以及其他的文件。

（2）编辑：用来进行拷贝、粘贴、剪切、删除、查找、恢复文件等操作。

（3）查看：用来改变窗口和工具栏的显示方式，激活调试时所使用的输出区、调试窗口、工作区、属性区等。

（4）插入：主要用于项目和资源的创建和添加，如插入新建类、资源等。

（5）工程：主要用于设置活动工程（激活指定的项目）、向工程添加组件和外部源文件、工程属性等。所谓“工程”是指一组相互关联的源文件，经过编译、连接后产生一个可执行的Windows程序或动态链接库函数。

（6）编译：用于对应用程序进行编译、连接和运行，其命令主要包括编译、构件、调

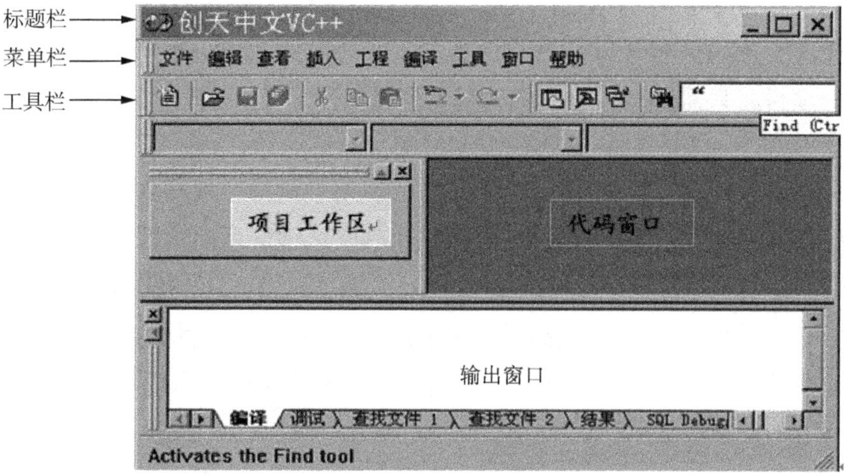

图 1-5　Visual C ++ 6.0 窗口

试、运行等。

(7) 工具：主要用于选择或制定开发环境中的一些实用工具来激活各个调试窗口，改变各个窗口的显示模式。

(8) 窗口：主要用于排列、隐藏或显示窗口等。

2. 工具栏的功能

工具栏是一系列工具按钮的组合，是一种图形化的操作界面，具有直观快捷的特点。通过工具栏，可以迅速地使用常用的菜单命令。工具栏上的按钮通常与一些菜单命令相对应，提供了一种执行经常使用的快捷方法，如图 1-6 所示。

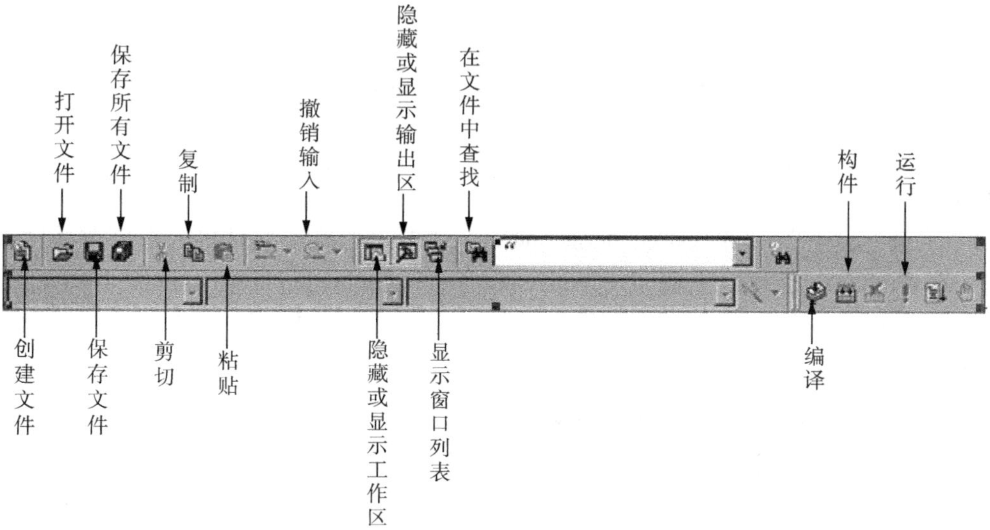

图 1-6　工具栏功能

3. 项目工作区

项目工作区有 Class View、Resource View 、File View 三个选项卡，分别用来浏览当前项目所包含的类、资源和文件。如果选择“Win32 Console Application”程序，则没有 Resource

View 选项卡。

项目工作区文件的扩展名为 . dsw，含有工作区的定义和项目中所包含文件的所有信息。若要打开一个项目，只需要打开对应的项目工作区文件即可。

File View 选项卡：File View 显示当前项目的头文件、源文件、资源文件等。

Class View 选项卡：Class View 显示当前项目的类、全局变量和函数。

在“Class View”中，双击 main（ ）函数，其源代码便在右边的代码窗口中显示。

4. 输出区

输出区有多个选项，如编译、调试、查找文件等。在编译、连接时，在输出区显示相关信息，供调试程序用；在编译时，将在输出窗口显示相应错误信息提示，以便用户修改。

1.2.2 简单 C 程序的调试过程

在 Visual C ++ 中，编写、运行一个简单 C 程序一般分为三个步骤。

（1）创建一个空工程。

（2）创建一个 C 源程序文件。

（3）进行编译、连接、运行。

下面通过实例说明在 Visual C ++ 环境中，如何编辑、编译、连接、运行 C 语言程序。

以控制台应用程序为例介绍。所谓控制台应用程序是指那些需要与传统的 DOS 操作系统有某种程度的兼容，同时又不需要为用户提供完善界面的程序，也就是说，在 Windows 环境中运行的 DOS 程序。

在 Visual C ++ 中，应用程序向导 AppWizard 能帮助快速创建一些常见的应用程序类型框架。

例 求正整数 m，n 中的最大公约数和最小公倍数。

准备工作：先在 E 盘上建立一个文件夹“student-c ++”。

1. 创建一个空工程

其步骤如下。

（1）选择“文件”菜单中的“新建”命令，弹出“新建”对话框；在该对话框中选定“工程”选项，并在列表框中选择“Win32 Console Application”项（32 位控制台应用程序）；并在“工程”文本框中输入工程名 exam；在“工程位置”上，单击下拉式按钮，选择存放项目文件的磁盘及文件夹：E:\student-c ++ \exam（用户可根据需要选择创建新的工程文件的位置）；选定单选按钮“R 创建新工作区”，按“确定”按钮，如图 1-7 所示。

（2）随后弹出一个询问项目类型 Win32 应用程序向导对话框，如图 1-8 所示，选择“An empty project”，并选择“完成”，显示新建工程的有关信息。

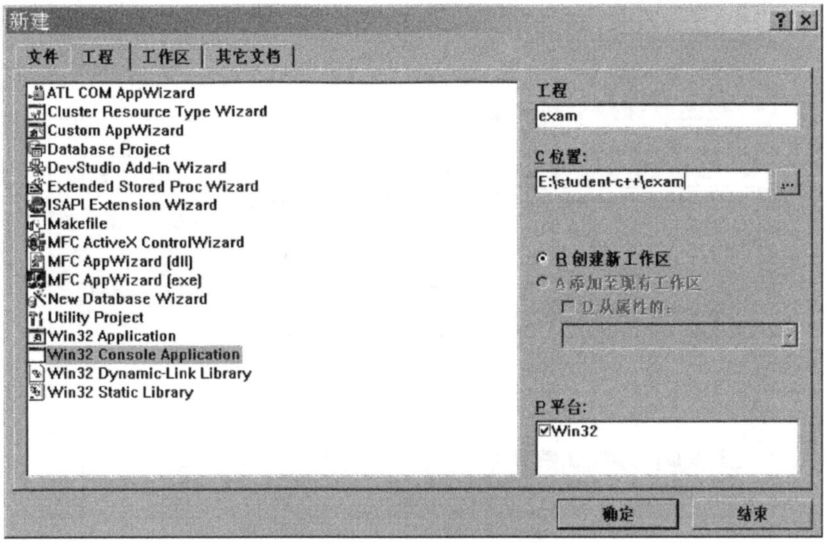

图 1-7　“新建”对话框

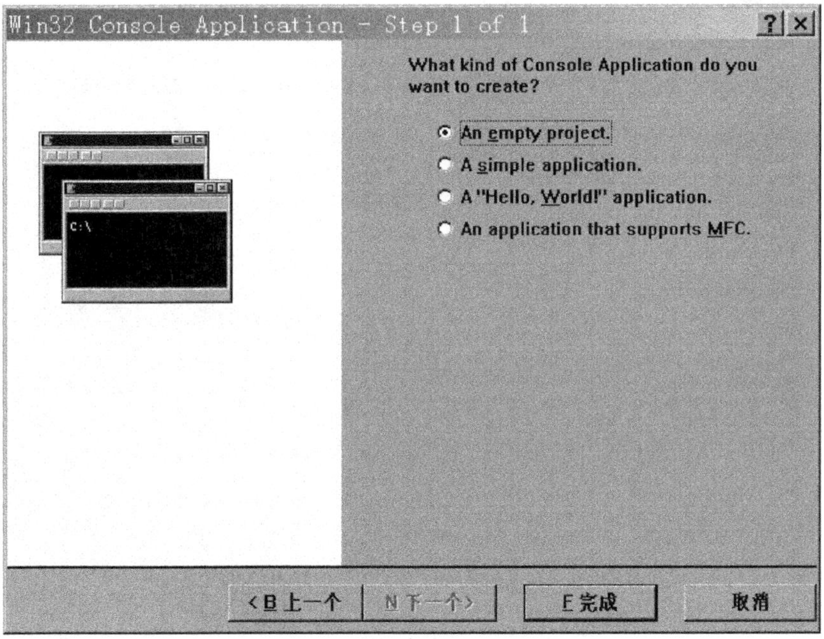

图 1-8　选择需要编写的应用程序类型

（3）在“新建工程信息”对话框中，选择“确定”按钮后，创建空工程的任务结束，显示如图 1-9 所示的窗口。

此时为工程 exam 创建了 E:\student－c++\exam 文件夹，并在其中生成了项目文件 exam. dsp、工作区文件 exam. dsw 及 debug 文件夹。其中项目文件 exam. dsp 存储了当前项目的特定信息，如项目设置；工作区文件 exam. dsw 含有工作区的定义和项目中所包含文件的所有信息；debug 文件夹存放编译、连接过程中生成的中间文件及最终生成的可执行文件，主要包括 exam. obj（由编译后生成的目标代码文件）、exam. exe（由连接后生成的可执行文件）等。

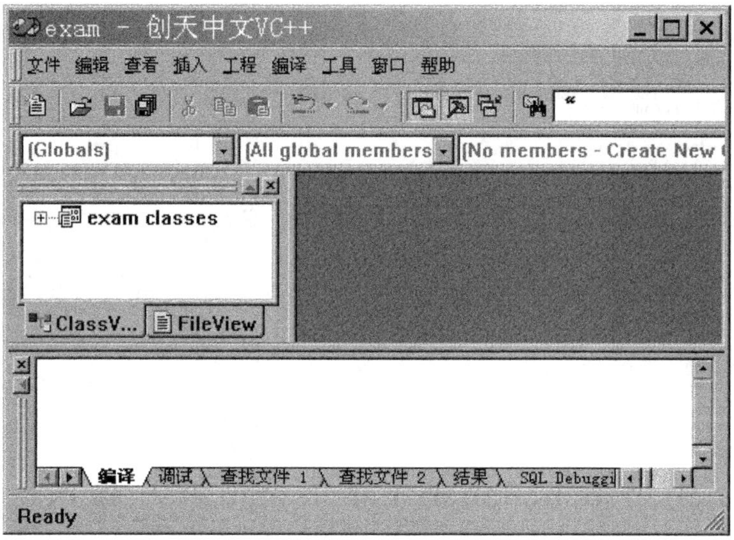

图1-9　空工程exam窗口

2. 创建C源程序文件

其步骤如下。

（1）选择“文件”菜单中的“新建”命令，弹出如图1-10所示的对话框。

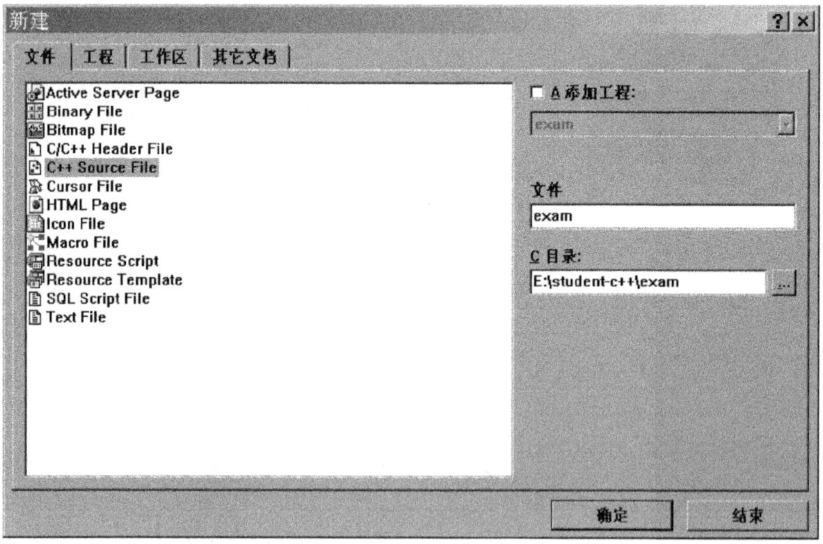

图1-10　新建“C/C ++ Source File”对话框

（2）在“文件”选项卡中，选定“C ++ Source File”，并输入源程序文件exam，按“确定”按钮。

（3）在代码窗口中输入、编辑源程序，并保存生成exam. cpp文件。

3. 编译、连接、运行

其步骤如下。

（1）按快捷键Ctrl + F7（生成exam. obj）或F7（生成exam. exe）或选定“编译”菜单中“编译”或“构件”命令，对源程序exam. cpp进行编译、连接，在输出窗口中将显示编译、连接有关的信息，如图 1-11 所示。

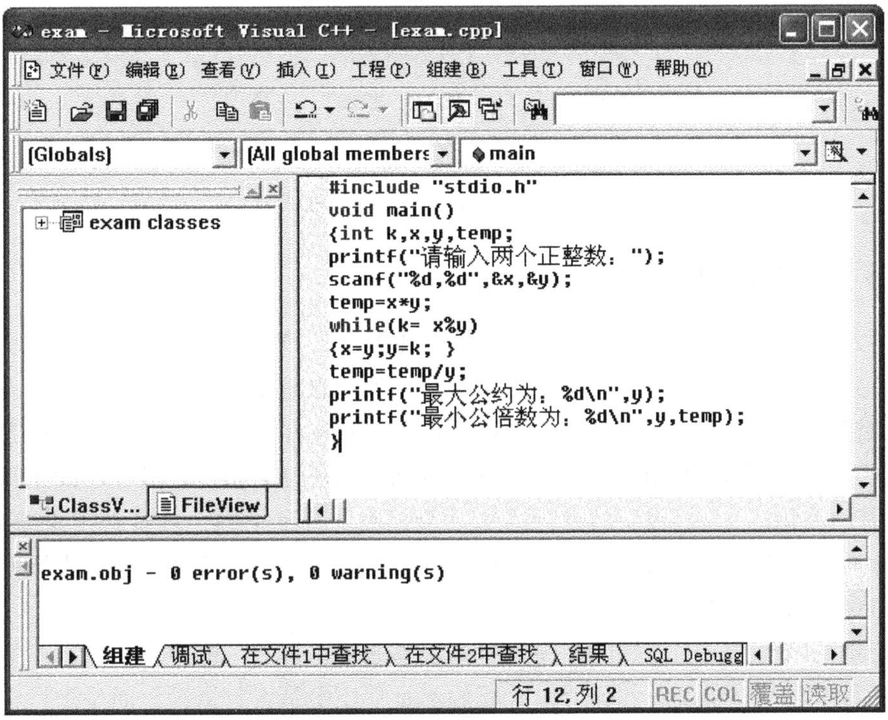

图 1-11　exam 项目工作区及输出窗口内容

若显示的信息是“exam. obj - 0 error（s），0 warning（s）或 exam. exe - 0 error（s），0 warning（s）”则表示源程序无语法、词法错误。此时，在 E：\student - c ++ \exam\debug 文件夹下将生成 exam. obj 等文件信息。当执行 F7 或“编译”菜单中的“构件”命令时，在 debug 文件夹下即可生成可执行文件 exam. exe。

若有错误信息提示，表示源程序有误，读者应该按照错误信息提示，对源程序进行修改，直到编译通过为止。

（2）按快捷键 Ctrl + F5 或选择“编译”菜单中的“执行 exam. exe”命令，即执行可执行文件 exam. exe。其结果如图 1-12 所示。

图 1-12　输出结果显示窗口

（3）当编译通过后，读者也可对程序进行单步调试，按快捷键 F10，在输出窗口将显示每一步执行后变量值的变化情况。

通过上述工作后，E:\student-c ++ \exam 文件夹中的目录结构如图1-13 所示。

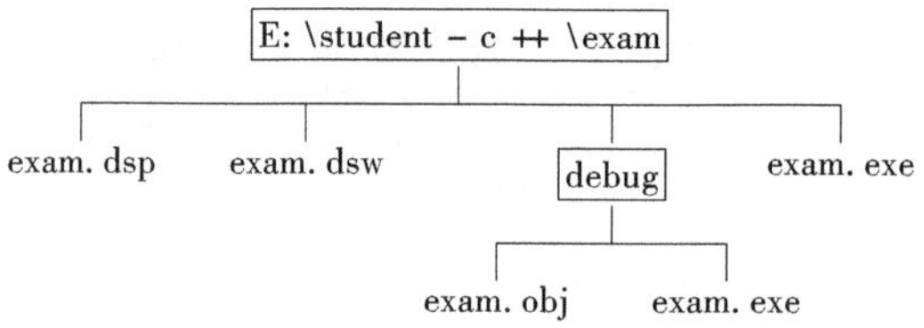

图 1-13　工程文件目录结构

1.2.3　调试程序中的错误

在程序开发过程中，程序的调试是一个非常重要的环节，特别是代码较长的程序，其调试工作量特别大。因此，熟悉程序调试过程中的错误信息是提高程序调试效率的有效途径。

程序的错误一般有两类。一是语法、词法错误，它是在编译阶段中出现。如果源程序中有语法错误，读者必须在编译阶段进行修改，直到编译通过为止；二是程序的逻辑错误，读者必须通过实例测试，分析程序的运行结果是否正确。若不正确，读者必须重新分析算法，检查程序中的逻辑错误，重新修改程序。在检查程序的过程中，读者可通过设置断点，追踪程序的运行过程来发现错误。

需要特别指出的是，刚写好的程序含有错误是非常正常的，即使是熟悉的专业程序员也难以保证所写程序没有错误。实际上，重要的不是程序中是否有错误，而是怎样将这些错误找出来并快速进行修改。

1. 语法错误

在编译、连接过程中，若程序有语法错误，系统将在输出窗口中显示错误信息。错误信息的一般形式为

文件名（行号）：错误代码：错误内容

除语法错误信息外，还有警告（waring）信息。若只有警告信息而没有错误信息，程序可正常运行，但可能存在某种潜在的错误。

例如：

```
E:\student - c ++ \exam \exam. cpp (12):warning C4508:'main':function should return a value; 'void' return type assumed
exam. obj - 0 error(s), 1 warning(s)
exam. obj - 2 error(s), 0 warning(s)
```

表示在 E:\student - c ++ \exam\exam. cpp 文件的第 12 行有一个 C4508 的警告信息：main 应该有一个返回值。

```
E: \student - c ++ \exam \exam. cpp (8) : error C2065: 'whil' : undeclared identifier
E:\student - c ++ \exam\exam. cpp(9) : error C2143: syntax error : missing ';' before '{'
Error executing cl. exe.
```

表示在程序中将“whlie”误写为“whil”，编译器在编译的时候，就把它当做未定义标识符。

E:\student-c++\exam\exam.cpp(7) : error C2146: syntax error : missing ';' before identifier 'k'

Error executing cl.exe.

exam.obj - 1 error(s), 0 warning(s)

表示在 k 之前少了一个分号。

修改方法：在输出窗口中，用鼠标双击相应错误信息，系统将自动定位到源程序中错误所在的语句行，读者可根据错误提示修改程序。

如根据上述错误提示信息，可将上述源程序中的 main（ ）前加"void"；将上述源程序中的"whil"改写为"whlie"；将上述源程序中的第 7 行变量 k 之前加"；"即可。

值得指出的是，在编译程序的过程中，经常出现由于一个错误引起若干条错误信息，在修改时，实际上只修改一处即可。

2. 逻辑错误

程序的逻辑错误，不仅难以发现，而且这种错误是致命的，它将直接影响程序的执行结果。因此，要求读者在程序调试过程中，当程序通过编译、连接后，要多通过测试数据对程序进行测试。若程序的运行结果与实际结果不相符合，就必须检查程序中的逻辑错误。

检查逻辑错误，首先分析程序的算法是否正确，然后再通过设置断点，让程序执行到断点在 Debug 窗口中观察程序中变量的值，来分析程序中的错误。具体操作是：单击要设置为断点的行，再使用快捷键 F9 设置断点；使用快捷键 F5，使程序执行到断点，此时在窗口下增加了一个 Debug 菜单、Variables 窗口（显示的是程序中各变量的值）及 Watch 窗口（可输入变量或表达式，以观察其值），如图 1-14 所示。

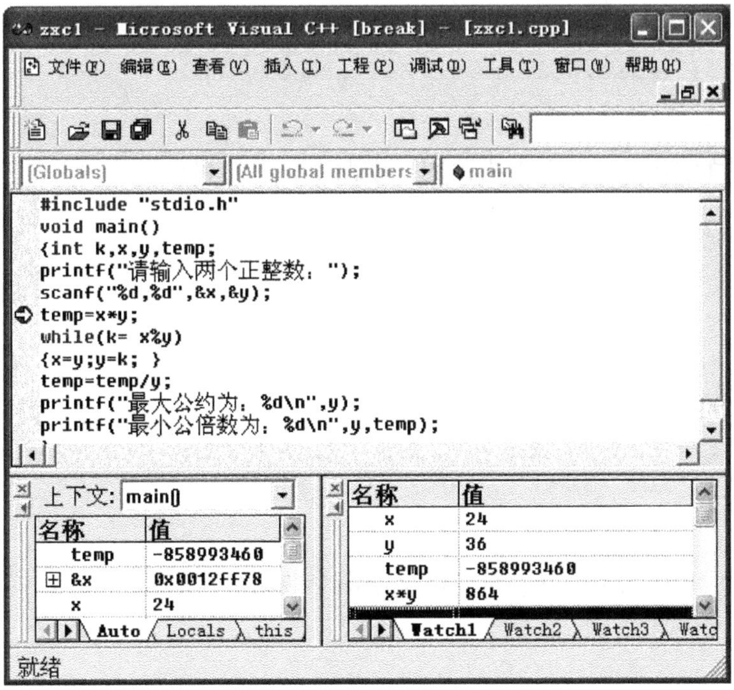

图 1-14　设置、运行断点窗口

第 2 章　C 语言程序设计实验指导

实验 1　C 语言概述

【实验目的】

（1）通过简单的 C 程序的调试熟悉 Turbo C 2.0 或 Visual C ++ 环境。

（2）初步掌握 C 程序的基本构成。

（3）熟悉 C 程序的实现过程和方法。

①掌握编辑、编译、连接、运行程序的过程和方法。

②了解常见的两种出错信息提示（Error/Warning）。

【实验内容】

1. 验证性实验

（1）分析下面程序结果，并上机验证（字符数据的简单输出）。

```
#include <stdio.h>
void main()
{
 printf("Hello,World!\n");
 printf("Hello,China!\n");
 printf("Hello,Welcome to Beijing Olymnpic\n");
}
```

（2）分析下面程序结果，并上机验证（求两个整数的和）。

```
#include <stdio.h>
void main()
{
 int  a,b,sum;
 a=123;b=456;
 sum=a+b;
 printf("sum=%d\n",sum);
}
```

（3）分析下面程序结果，并上机验证（求两个数的最大值）。

```
#include <stdio.h>
void main()
{
```

```
 int  a,b,c;
 scanf("%d,%d",&a,&b);
 c=max(a,b);
 printf("max=%d",c);
}

int  max(int x, int y)
{
 int z;
 if(x>y)
 z=x;
 else
 z=y;
 return(z);
}
```

(4) 分析下面程序结果，并上机验证（简单小学数学加法训练程序）。（注意：/* */为C语言的注释，其内容可以不输入）。

```
#include <stdio.h>
#include <stdlib.h>
void count(int num,char name[])    /* 产生随机加法题* /
{
 int total=0;                     /* 总得分* /
 int n=0,i,num1,num2;
 /* 初始化随机数发生器,其作用是每次运行程序时使 rand()产生的随机数不一样* /
 randomize();
 for(i=1; i<=5; i++)
 {num1=rand()%num +1;          /* 产生 num 范围内的随机加法数 1* /
 num2=rand()%num +1;          /* 产生 num 范围内的随机加法数 2* /
 printf("第%d道题:\n",i);
 printf("%d + %d = ",num1,num2);
 printf("请输入你的答案: ");
 scanf("%d",&n);
 if(num1+num2==n)             /* 判断是否答对* /
 {printf("你答对了。%c\n",7);  /* 7 为响铃* /
 total=total+2;
}
else                          /* 答错的处理* /
{printf("你答错了。\n");
printf("请再次输入你的答案:. \n");
```

```
    scanf("%d",&n);
    if(num1 + num2 == n)
    {printf("你终于答对了。\n");
    total = total + 1;
    }
    else
    printf("对不起你又错了,又没得分。\n");
    }
    }
    printf("%s 同学你的总分数是:%d 分\n",name,total* 10); /* 结果处理* /
    }
    void main( )
    {char name[30];
     printf("请输入你的中文名字:");
     gets(name);
     printf("\n\n\t%s%s%s%c\n\n","欢迎",name,"参加算术加法运算测试",
2);
     count(10,name);
    }
```

【提示】数据输入时可用 Ctrl + Space 组合键切换到中文输入法输入自己的中文名称。

2. 程序填空

以下程序的功能：求整数 a/b 的商和余数，c 表示商，d 表示余数。

```
#include < stdio.h >
void main()
{
 int a,b,c,d;
 a =10;
 b =3;
 c = ____①____;
 d = ____②____ ;
 printf("a = %d,b = %d\nc = %d,d = %d\n",a,b,c,d);
}
```

3. 设计性实验

（1）编程完成任务：输入半径，计算圆面积。

【提示】①定义两个变量存放半径和圆面积的值；②给半径赋值；③计算圆面积 = 3.14 × 半径 × 半径；④输出圆面积的值。

（2）编写一个简单的加法程序，随机生成两个 100 以内的整数，求出它们的和并输出。

实验 2　C 语言基本数据类型

【实验目的】

（1）掌握 C 语言的基本数据类型（整型、字符型和实型）。

（2）掌握 C 语言变量的定义和赋值方法。

（3）进一步熟悉 C 程序的编辑、编译、连接和运行的过程。

【实验内容】

1. 验证性实验

（1）分析下面程序结果，并上机验证（整型、字符型数据表示和输出）。

```
#include <stdio.h>
void main()
{
int x=010,y=10,z=0x10; /* 前导中的'0'是数字 0 而不是字母 o* /
char c1='M',c2='\x4d',c3='\115',c4=77,c;   /* 字符型数据表示* /
/*  整型数据的输出 * /
printf("x=%o,y=%d,z=%x\n",x,y,z);
 /*  数据以原进制输出,注意是否有前导 0 或 0x * /
 printf("x=%d,y=%d,z=%d\n",x,y,z);
/*  数据以 10 进制输出,换算到 10 进制,结果对吗? * /

/*  字符型数据的输出 * /
printf("c1=%c,c2=%x,c3=%o,c4=%d\n",c1,c2,c3,c4);
/*  数据以原进制输出,注意是否有前导 0 或 0x * /
printf("c1=%c,c2=%c,c3=%c,c4=%c\n",c1,c2,c3,c4);
/* 结果都是什么字符?,也就是说字符可以自由的表示成几种形式? * /
printf("c1=%d,c2=%d,c3=%d,c4=%d\n",c1,c2,c3,c4);
/* 看看这些字符的 10 进制 ASCII 码,哦,ASCII 码一样,同一种字符 * /
/*  字符型数据参与算术运算 * /
c=c1+32;    /*  字符怎么参加了数学运算,哦,是字符对应的 ASCII 码 - 整数
/* 参与数学运算;结果还是一个整数 - 另外一个字符的 ASCII 码 * /
printf("c=%c,c=%d\n",c,c);
/* 看看这个字符是什么? 'M'+32 就变为'm'了字母的大小写转换原来如此! * /
}
```

（2）分析下面程序结果，并上机验证（整型、实型数据的表示、输入和输出）。

```
#include <stdio.h>
void main()
{
 int i,j;
```

```
 float m,n;
 long x,y;
 unsigned int u,v;
 char c1,c2;
 scanf("%d,%d",&i,&j);
 scanf("% f,% f", &m,&n);
 scanf("% ld,% ld",&x,&y);
 scanf("%o,%o",&u,&v);
 get char(); scanf("%c,%c", &c1,&c2);
 printf("\n");
 printf("a=%4d,b=%4d\n",i,j);
 printf("c=%8.2f,d=%8.2f\n",m,n);
 printf("e=%16ld,f=%16ld\n",x,y);
 printf("u=%u,v=%u\n",u,v);
 printf("c1=%c,c2=%c\n",c1,c2);
}
```

（3）分析下面程序结果，并上机验证（常见预定义的转义字符对输出的控制作用）。

```
#include<stdio.h>
void main()
{
 int a,b,c;
 a=5,b=6,c=7;
 printf("12345678123456781234567812345678\n");
 /* 打印一个标尺以便检查输出结果 */
 printf("%d\n\t%d %d\n %d %d\t\b%d\n",a,b,c,a,b,c);/* 打印 1 个字符串 */
 printf("c:\\a.txt");        /* 打印一个文件名 */
 printf("\n");
}
```

2. 填空性实验

以下程序的程序功能：从键盘输入圆柱体的底面半径 r 和高 h，计算其底面积 s 和体积 v 并输出。

```
#include<stdio.h>
void main()
{
float pi=3.14;
float r,h,s,v;
printf("Please input r,h:\n");
```

```
scanf("% f,______①______",&r,______②______);
s =______③______;
v =______④______;
printf("area =%f,volume =%f \n",s,______⑤______);
}
```

3. 程序改错（标有★的程序行有错，下同）

下列程序的功能：输出任意一个整数的个位数字。

```
#include <stdio.h>
void main()
{float x; ★
 int a;
 x =12345;
 a =x/10; ★
 printf("%d",a);
}
```

4. 设计性实验

（1）从键盘输入变量 x，y 的值，交换它们的值并输出。

【提示】①用 scanf（ ）函数输入 x，y 的值；②用第三个变量辅助交换 x，y 的值；③用 printf（ ）函数将交换后的 x，y 输出。

（2）写出一个演示字符型数据溢出的程序。

【提示】整型（int 型）数据的表达范围是 -32768 ~ 32767，如果最大允许值 32767 + 1，最小允许值 -32768 - 1，以下程序将会出现什么情况？

```
#include <stdio.h>
void main()
{
 int a,b;
 a =32767;
 b =a +1;
 printf("a =%d,a +1 =%d \n",a,b);
 a = -32768;
 b =a -1;
 printf("a =%d,a -1 =%d \n",a,b);
 getchar();
 /* 获得键盘击键,起到暂停程序运行作用,目的是保留用户屏幕,便于查看结果。* /
}
```

实验 3　C 语言表达式

【实验目的】

（1）学会使用 C 的各种运算符，特别是自加（++）和自减（--）运算符的使用。

（2）掌握 C 语言的有关运算符的运算规则，能够正确书写各种表达式。

（3）学会根据表达式，编写相应程序，验证表达式结果的方法。

（4）掌握各种表达式的求值规则。

（5）掌握不同的数据类型之间赋值的规律。

（6）了解强制数据类型转换以及运算符的优先级、结合性。

【实验内容】

1. 验证性试验

（1）分析下面程序结果，并上机验证（算术运算符和算术表达式）。

第一，已知：a=2，b=3，x=3.9，y=2.3（a，b 整型，x，y 浮点型），计算算术表达式（float）（a+b）/2+（int）x%（int）y 的值。

```
#include <stdio.h>
void main()
{
 int a=2,b=3;
 float x=3.9,y=2.3;
 float r;
 r=(float)(a+b)/2+(int)x% (int)y;
 printf("% f\n",r);
}
```

第二，已知：a=7，x=2.5，y=4.7（a 整型，x，y 浮点型），计算算术表达式 x+a%3 *（int）（x+y）%2/4 的值。

```
#include <stdio.h>
void main()
{
 int a=7;
 float x=2.5,y=4.7,r;
 r=x+a% 3* (int)(x+y)% 2/4;
 printf("% f\n",r);
}
```

（2）分析下面程序结果，并上机验证（逗号运算符和逗号表达式、条件运算符）。

```
#include <stdio.h>
void main()
{
```

```
 int a=15,b=5,c,d;
 c= (a++,b+15,a+b);
 d= a>b? a:b;
 printf("c=%d\n",c);
 printf("d=%d\n",d);
}
```

（3）分析下面程序结果，并上机验证（将 k 分别设置为 127，－128，128，－129）。

```
#include <stdio.h>
void main()
{
 float a=5.8,b;
 int i,j=6;
 int k=127;  /* 用127,-128,128,-129测试 */
 unsigned U;
 long L;
 char C;
 i=a;  printf("%d\n",i);  /* 浮点型赋值给整型 */
 b=j;  printf("% f\n",b);  /* 整型赋值给浮点型 */
 U=k;  printf("%d,%u\n",U,U);  /* 相同长度类型之间赋值 */
 L=k;  printf("% ld\n",L);/* 整型赋值给长整型,短的类型赋值给长的类型 */
 C=k;  printf("%d\n",C);/* 整型赋值给字符型,长的类型赋值给短的类型 */
}
```

你分析的表达式结果如表 2－1 所示。

表 2－1　表达式结果

结果行	k＝127	k＝128	k＝－128	k＝－129
1				
2				
3				
4				
5				

2. 程序填空

（1）已知：a＝12，n＝5（a，n 整型），以下程序是计算下面 6 个表达式后输出 a 的值。①a＋＝a；②a－＝2；③a*＝2＋3；④a/＝a＋a；⑤a%＝（n%＝2）；⑥a＋＝a－＝a*＝a。

```
#include <stdio.h>
void main()
{
 int a,n=5;
```

```
    a =12;  a + =a;  printf("%d \n",a);
    a =12;  a - =2;  printf("%d \n",a);
    a =12;____①____;  printf("%d \n",a);
    a =12;  a/ =a +a;  printf("____②____\n",a);
    a =12;____③____;  printf("%d \n",a);
    a =12;  a + =a - =a* =a;  printf("%d \n",____④____);
}
```

（2）以下程序的功能：将“China”译成密码。密码规律是：用原来字母后面的第 3 个字母代替原来的字母，如字母“A”后的第 3 个字母是“D”，则用“D”代替“E”。

```
#include <stdio.h>
void main()
{
  char c1 ='C',c2 ='h',c3 ='i',c4 ='n',c5 ='a';
  c1 + =____①____;
  c2 =c2 +____②____;
  c3 =c3 +____③____;
  c4 =c4 +____④____;
  c5 =c5 +____⑤____;
  printf("密码是%c%c %c %c %c \n",c1,c2,c3,c4,c5);
}
```

3. 程序改错

（1）以下程序的功能：求 a，b，c 三个数的最大值，并输出此最大值。

```
#include <stdio.h>
void main()
{
  float a,b,c;
  float max,t;
  printf("输入三个数 a,b,c: \n");
  scanf("%d%d%d",&a,&b,&c); ★
  t = (a >b)? a:b;
  max = (t >c)? t:c;
  printf("a,b,c 的最大值是%c \n",max); ★
}
```

（2）以下程序的功能：判断输入的三个整数中是否有两个偶数一个奇数，若是则输出 YES，不是输出 NO。

```
#include <stdio.h>
void main()
```

```
{
 int i,j,k;
 scanf("%d,%d,%d",&i,&j,&k);
((i% 2 =0? 1:0) + (j% 2 ==0? 1:0) + (k% 2!=0? 1:0)) =2? printf("YES \
n"):printf("NO \n");★
}
```

4. 设计性实验

（1）编写程序，由键盘任意输入3个1位整数（第一个整数不为0），将它们按输入顺序组合为一个3位数输出，如输入1，2，3，则输出为123。

【提示】输入a，b，c三个整数，组合整数为d = a* 100 + b* 10 + c

（2）编写一个程序，求下列四个表达式的值，其中a，b，x，y的值从键盘输入。表达式中a，b为整型变量，x，y为实型变量。① x + a%3* （int）（x + y）/4；② 1 < a < 10；③（x + y! = 0）| |（a = 10）| |（b = 9）；④ x + = 2，x + y，y* = x。

注意观察上面四个表达式求解后a，b，x，y的值是否发生了改变。

（3）编写程序求出任一输入字符的ASCII码。

【提示】从键盘输入一个字符赋给字符变量，以整型格式输出该变量。

实验4　顺序结构程序设计

【实验目的】

（1）掌握C语言中各种语句的使用（除控制类语句）。

（2）掌握使用标准输入/输出函数进行常见数据类型的数据的输入/输出方法。

（3）掌握getchar（）、putchar（）函数的使用方法。

【实验内容】

1. 验证性实验

在下列程序中，欲使a的值为15，b的值为25，x的值为5.55，y的值为2.6，c1的值为'M'，c2的值为'N'，在键盘上应如何输入这些数据？

```
#include <stdio.h>
void main()
{int a,b;
 float x,y;
 char c1,c2;
 scanf("%d%c% f \n",&a,&c1,&x);
 scanf("b = %d,y = %f,c2 = %c",&b,&y,&c2);
 printf("a = %10d,b = % -10d \n",a,b);
 printf("x = %f,y = %f \n",x,y);
 printf("c1 = %c,c2 = %c \n",c1,c2);
}
```

提示输入格式为

```
15M5.55↙
b=25,y=2.6,c2=N↙
```

思考一下，在 scanf ("%d%c%f", &a, &c1, &x); 的输入中为什么空格不能作为数据输入的间隔符？

2. 程序填空

以下程序的功能：计算 2 个整数的商和余数。

```
#include <stdio.h>
void main( )
{int a,b;
 int quot,resi;
 printf("Please enter two integer: ");
 scanf("%d%d",&a,&b);
 quot = _____①_____;
 resi = _____②_____;
 printf("quot = %d,resi = %d\n",_____③_____);
}
```

3. 程序改错

（1）下列程序的功能：从键盘上输入任意两个整数，求这两个整数的和。

```
#include <stdio.h>
void main( )
{int x,y;
 scanf("% f% f",&x,&y);          ★
 printf("%d + %d = %d",x + y);   ★
}
```

（2）下列程序的功能：从键盘上输入一个大写字母，将其转换成小写字母输出。

```
#include <stdio.h>
void main( )
{char x,y;
 getchar(x); ★
 y=x-32;
 putchar(x) ;
 putchar(':');
 putchar(y);
 putchar('\n');
}
```

4. 设计性实验

（1）编写一个程序从键盘上输入两个整数 i，j，将这两个整数的值互换后输出。

（2）根据圆柱体的半径和高，计算圆周长、圆面积、圆柱体表面积、圆柱体体积（所有输出结果要求保留小数点后 2 位）。

【提示】保留小数点后 2 位，可用形如 printf ("% 10.2f ", x); 来实现。

（3）编写程序输出下列图案

```
*   *   *
*********
*   *   *
```

【提示】利用* 字符的 ASCII 码输出该字符。

（4）输入任意一个三位数，将其各位数字反序输出，如输入 123，输出 321。

实验 5　选择结构程序设计

【实验目的】

（1）掌握 C 语言中逻辑量的表示和使用方法。

（2）掌握 if 语句及 switch 语句的使用。

（3）熟悉各种表达式作为 if 语句及 switch 语句的条件。

（4）了解 Turbo C 程序的基本调试方法。

【实验内容】

1. 验证性实验

（1）分析程序的运行结果。

运行下列程序，输入 1 ~ 7 的任意数字，观察程序的运行结果。

```
#include <stdio.h>
void main()
{int week;
 printf("Input(1-7):");
 scanf("%d",&week);
 switch(week)
 {case 1:printf("Mon. \n"); break;
  case 2:printf("Tue. \n"); break;
  case 3:printf("Wed. \n"); break;
  case 4:printf("Tur. \n"); break;
  case 5:printf("Fri. \n"); break;
  case 6:printf("Sat. \n");break;
  case 7:printf("Sun. \n"); break;
  default:printf("The input is wrong! \n");
 }
```

```
}
```

运行 5 次下列程序，输入的数据分别是 1，2，3，4，5，请观察每次的运行结果，并根据结果分析原因。

```
#include <stdio.h>
void main()
{int n,a=0,b=0,c=0,d=0,k=0;
 scanf("%d",&n);
 switch(n)
    {case 1:b++;break;
     case 2:c++;
     case 3:d++;break;
     case 4:k++;
     default:a++;
    }
printf("%d,%d,%d,%d",%d,a,b,c,d,n);
}
```

（2）输入 x 的不同值，以下程序将求一给定“y=f（x）”函数的值。

```
#include <stdio.h>
#include  <math.h>
void main()
{float x,y;
 scanf("% f",&x);
 if(x<0)   y=fabs(x);
 else if(x<10)   y=x* x;
 else   y=log10(x);
 printf("% f\n",y);
}
```

2. 程序填空

（1）以下程序的功能：将用户输入的字母进行大小写转换，即若输入小写字母则将其转换为大写字母，如输入大写字母则将其转为小写字母，若输入非字母字符则输出提示信息。

```
#include <stdio.h>
void main()
{char c;
 scanf("%c",&c);
 if(_____①_____) _____②_____;
 else if(_____③_____) _____④_____;
```

```
  else printf("input error \n");
 printf("%c \n",c);
 }
```

（2）某单位马上要加工资，增加金额取决于工龄和现工资两个因素：对工龄大于等于 20 年的，如果现工资高于 2000 元，加 200 元，否则加 180 元；对工龄小于 20 年的，如果现工资高于 1500 元，加 150 元，否则加 120 元。工龄和现工资从键盘输入，以下程序完成此工资计算。

```
#include <stdio.h>
void main()
{float s0,s;  /* s0 为现工资,s 为增加后的工资* /
 int y;  /* y 为工龄* /
 printf("Input s0,y:");
 scanf("____①____",&s0,&y);
 if(____②____)
 {if(s0 > =2000) ____③____ ;
  else s = s0 +180;
 }
 else
 {if(s0 > =1500)s = s0 +150;
  else ____④____;
 }
 printf("s = %f \n",s);
}
```

3. 程序改错

（1）以下程序的功能：求解一个一元二次方程的实根。

```
#include <stdio.h>
#include <math.h>
void main( )
{float x1,x2;
 int a,b,c,d;
 printf("请输入一元二次方程的三个系数:");
 scanf("%d%d%d",&a,&b,&c);
 d=b* b -4ac; ★
 if(d=0) x1 =x2 = -b -sqrt(d)/2* a;★ /* sqrt(d)的作用是求 d 的平方根* /
 if(d>0) x1 = -b - sqrt(d)/(2* a); ★
         x2 = -b + sqrt(d)/(2* a); ★
  printf("% f,% f",x1,x2);
}
```

（2）下列程序的功能：求解函数 $y=\begin{cases}2x & (x<1 \text{ 或 } x>10)\\ x^2 & (1\leqslant x\leqslant 10)\end{cases}$。

```
#include <stdio.h>
void main()
{float x,y;
 printf("请输入 x 的值：");
 scanf("% f",&x);
 if(x<1||x>10)  y=2* x;
 if(1<=x<=10)  y=x* x; ★
 printf("y=%f",y);
}
```

4. 设计性实验

（1）由键盘输入3个实型数据，代表三角形的三条边，判断它们能否组成三角形，若构成三角形则计算其面积并输出，否则输出相应提示信息（如“不能构成三角形”）。

【提示】三角形的三边 a，b，c 要满足：a>0，b>0，c>0 并且 a+b>c，b+c>a，c+a>b 的条件。面积 = sqrt（d*（d−a）*（d−b）*（d−c））（其中 d=（a+b+c）/2）。

（2）编程实现对任意一个3位正整数，判断它是不是回文数。所谓回文数是指其各位数字左右对称的正整数。例如，121，个位与百位相同。

（3）键盘输入自己的腰围和体重，根据以下身体脂肪含量的计算公式编程计算出自己的脂肪含量，看看自己的脂肪含量是否在正常值范围内，并输出相应的信息，如“正常、完美身材等”。

A = 腰围（英寸）* 4.15（1英寸 =2.54厘米）

B = 体重（磅）* 0.082（1磅 =0.454千克）

脂肪含量 =(A − B − 76.76) * 1%

【提示】男性正常脂肪含量是12% ~20%；女性正常脂肪含量是20% ~30%，23%是公认的完美身材脂肪比例。

（4）输入一个整数，输出它是奇数还是偶数。

【提示】利用模运算符%2得到的余数去判断一个整数的奇偶性。

实验6　基本循环结构程序设计

【实验目的】

（1）掌握 while 语句、do-while 语句和 for 语句实现循环的方法。

（2）掌握 while，do − while 循环的区别。

（3）掌握累加求和类程序的写法。

【实验内容】

1. 验证性实验

（1）下列程序的执行结果是什么？

```
#include <stdio.h>
void main()
{
 int s;
 int i,j;
 s=0,i=0,j=2*i+1;
 while(j<100)
 {s=s+j;
  i++;
  j=2*i+1;
 }
 printf("s=%d\n",s);
}
```

（2）下列程序的执行结果是什么？

```
#include <stdio.h>
void main()
{int sum;
 int i,item;
 sum=0,i=0,item=2*i+2;
 do
 {sum=sum+item;
  i++;
  item=2*i+2;
 }while(item<100);
 printf("sum=%d\n",sum);
}
```

（3）编辑并调试以下程序，分析结果：

```
#include <stdio.h>
void main()
{int sum;
 int i;
 for(sum=0,i=0;i<100; i++)
    sum=sum+i;
 printf("sum=%d\n",sum);
}
```

2. 程序填空

（1）以下程序的功能：计算 1 ~50 能被 7 整除的整数之和。

```
#include <stdio.h>
void main()
{int i,sum = ______①______;
 for(i =1;______②______;i ++)
    if(______③______) sum + =i;
 printf("sum =%d\n",sum);
}
```

（2）下面程序接收来自键盘的输入，直到 <Ctrl> +Z（值为 -1）键为止。这些字符被原样输出，但若有连续一个以上的空格时只输出一个空格。请填空。

```
#include  <stdio.h>
void main()
{char cx;
 char front =' ';
 while (______①______)
 {if (cx!=' ')
    putchar(cx);
  if (cx ==' ')
   if (front!=' ')
    putchar(cx);
______②______
 }
}
```

3. 程序改错

（1）下列程序的功能：求 1 +3 +5 +… +99 的和。

```
#include  <stdio.h>
void main( )
{int s,i; ★
 i =1;
 while(i< =99)   s =s +i; ★
 printf("1 +3 +5 +…99 的和是:%d\n",s);
}
```

（2）下面程序的功能：输入一个正整数，判断是否是素数，若为素数输出 1，否则输出 0。

```
#include  <stdio.h>
void main()
```

```
{int i,x,y=0; ★
 scanf("%d",&x);
 for(i=2;i<=x/2&&y;i++)
    if ((x% i)!=0) y=0; ★
 printf("%d\n",y);
}
```

4. 设计性实验

（1）用$\frac{\pi}{4}\approx 1-\frac{1}{3}+\frac{1}{5}-\frac{1}{7}+\cdots$公式求 π 的近似值，直到最后一项的绝对值小于 10^{-6}为止。该题采用“前 N 项（N 足够大）方法”写该程序。

（2）印度国王奖励问题（棋盘上放麦子，第 1 格放 1 粒，第 2 格放 2 粒，以后每格放的麦子粒子是前一格的两倍，求 64 个格子上的麦子。1 立方米约为 1.40×10^{8}粒）。

（3）计算 $s=1+(1\times 3)+(1\times 3\times 5)+(1\times 3\times 5\times 7)+(1\times 3\times 5\times 7\times 9)+\cdots$前 20 项的和。

（4）用三种循环结构，求 1000 以内所有能被 5 和 7 整除的数的和。

（5）用 while，do－while 循环求 i～j 的整数和（其中 i＞=j），i，j 由用户输入。

实验 7　嵌套循环结构程序设计

【实验目的】

（1）理解循环嵌套的概念。

（2）掌握 break、continue 语句的使用。

（3）掌握穷举及迭代类程序的写法。

【实验内容】

1. 验证性实验

（1）下列程序的执行结果是什么？

```
#include <stdio.h>
void main()
{int i,j,x=0;
 for(i=0;i<20;i++)
 {x=x+1;
  for(j=0;j<3;j++)
  {if(j% 2) continue;
   x=x+2;
  }
 if(x>10) break;
 }
printf("x=%d,i=%d\n",x,i);
```

```
}
```

（2）下列程序的执行结果是什么？

```
#include <stdio.h>
void main()
{int n,i,j;
 printf("n="); scanf("%d",&n);
 for(i=1;i<=n; i++)
 {for(k=1;k<=n-i;k++)printf(" ");
  for(j=1;j<=2*i-1;j++)printf("* ");
  printf("\n");
 }
}
```

2. 程序填空

（1）求任意两个整数之间所有的素数。

```
#include <stdio.h>
void main()
{int i1,i2,i,j,flag;
 printf("input two integer(i1,i2):");
 scanf("%d%d",____①____,____②____);
 printf("prime number:\n");
 for(i=____③____;i<=____④____;i++)
 {
  flag=1;
  for(j=2;j<=i-1;j++)
  {
    if(i%j==0)
     {
      flag=____⑤____;
      break;
     }
  }
  if(flag==1)printf("%d\t",i);
 }
     printf("\n");
}
```

（2）以下程序的功能：输出下三角九九乘法表。

```
#include <stdio.h>
void main()
```

```
{int i,j;
 for(i =1;i < = ____①____;i ++)
 {for(j =1;j < = ____②____ ;j ++)
  printf("%d* %d = %3d \t",i,j,____③____);
  printf("\n");
 }
}
```

3. 程序改错

（1）下列程序的功能：输出所有的“水仙花数”。所谓“水仙花数”是指一个三位数，该数的各位数字立方和等于该数本身的数。例如，153 是一个“水仙花数”，因为 $153 = 1^3 + 5^3 + 3^3$。

```
#include <stdio.h>
void main( )
{int x,s,a;
 for(s =0,x =100;x <1000;x ++)★
 {a = x;
  while(a! =0)
  {s = s + a% 10* a% 10* a% 10;★
   a = a/10;
  }
 if(x = a) printf("% 4d" ,x);★
 }
}
```

（2）以下程序的功能：输出 1 ~ 1000 的所有完数。若一个整数等于该数的所有因子之和，则称该整数为完数。

```
#include <stdio.h>
void main()
{int i,j;
 int s;
 for(i =1;i < =999; i ++)
 {s =1; ★
  for(j =1;j < =i -1;j ++)
    {if(i/j ==0 ) s = s + j;}  ★
  if(s = i)printf("% 5d",i); ★
 }
}
```

4. 设计性实验

（1）编程序实现功能：求出所有三位数的正整数中，各位数字的立方和等于 1099

的数。

（2）编程序实现功能：打印如下图案。

```
            *
        *   *   *
    *   *   *   *   *
*   *   *   *   *   *   *
    *   *   *   *   *
        *   *   *
            *
```

（3）从键盘上任意输入 50 个正整数，统计其中各位数字的平方和等于 108 的数。

（4）用牛顿迭代法求 $2x^3-4x^2+3x-6=0$ 在 1.5 附近的根，要求误差小于 10^{-5}。

实验 8　循环结构综合应用程序设计

【实验目的】

（1）掌握常见算法程序的写法。

（2）程序结构综合应用。

【实验内容】

1. 验证性实验

（1）下列程序的执行结果是什么？

```
#include  <stdio.h>
#include  <stdlib.h>
#include  <time.h>

void main()
{int  a, b, answer, result,error, score, i, op;
srand(time(NULL));
error=0;
score=0;
for(i=0;i<10;i++)
{
 a=rand()% 10+1;
 b=rand()% 10+1;
 op=rand()% 4+1;
 switch(op)
 {
 case 1:
        printf("%d+%d=",a,b);
        result=a+b;
```

```
            break;
    case 2:
            printf("%d - %d = ",a,b);
            result = a - b;
            break;
    case 3:
            printf("%d *  %d = ",a,b);
            result =a* b;
            break;
    case 4:
            if(b!=0)
            {
             printf("%d/%d = ",a,b);
             result =a/b;/* 注意这里是整数除法运算,结果为整型* /
            }
            else
              {
              printf("Division by zero! \n");
              }
              break;
    default:
            printf("Unknown operator! \n");
            break;
  }
  scanf("%d",&answer);
  if(result ==answer)
      {printf("Rright! \n");
      score = score + 10;}
  else
      {printf("Not correct! \n");
      error ++;}
  }
  printf("score = %d, error numbers = %d\n", score, error);
  }
```

(2) 下列程序的执行结果是什么?

```
#include <stdio.h>
void main()
{
 int i,a,b,x;
```

```
 a=1;
 b=1;
 printf("%d  %d ",a,b);
 for(i=0; i<18;i++)
 {x=a+b;
  a=b;
  b=x;
  printf("%d ",b);
 }
 printf("\n");
}
```

2. 程序填空

（1）下面程序为求两个数的最大公约数和最小公倍数。

```
#include <stdio.h>
void main()
{int m,n,num1,num2,temp;
 printf("Input two positive integer:\n");
 scanf("%d,%d",&num1,____①____);
 if(num1<num2)
  {temp=num1; num1=num2; num2=____②____;}
 m=num1;
 n=num2;
 while(n!=0)
 {temp=____③____;
  m=n;
  n=temp;
 }
 printf("The grestest common divisor is %d\n",m);
 printf("The lowest common multiple is %d\n",num1* num2/____④____);
}
```

（2）下面程序是计算表达式 1 +（1 + 2）+（1 + 2 + 3）+ … +（1 + 2 + 3 + … + 10）和。

```
#include <stdio.h>
void main()
{int sum,i,j,t;
 sum=____①____;
 for(i=1;i<=10;i++)
 {t=0;
```

```
    for(j=1;j<=____②____;j++)
    t=t+j;
    sum=____③____ ;
   }
  printf("1+(1+2)+(1+2+3)+…+(1+2+3+…+10)=%d\n",sum);
}
```

3. 程序改错

(1) 下面的程序是求 1 ~ 100 的素数，并将所有素数按每行 10 个输出。

```
#include <stdio.h>
#define <math.h> ★
void main()
{int i,m,k,n; ★
 for(m=1;m<=100;m=m+2)
 {
  if(n/10==0) ★
    printf("\n");
  k=1;
  for(i=2;i<=sqrt(m);i++)
    if(m% i!=0) ★
     {k=0;break;}
  if(k==1)
  {printf("%3d ",m);n=n+1;}
 }
 printf("\n");
}
```

(2) 下面程序是求表达式 1 - 1/2 + 1/3 - 1/4 + 1/5 - … - 1/100 的值，结果保留小数后 4 位。

```
#include<stdio.h>
void main()
{int i;
 float s;
 i=0; ★
 s=1; ★
 while(i<100)
 {if(i% 2==0)
    s=s-1/i; ★
  else
    s=s+1/i; ★
  i=i+1;
```

```
    }
    printf("1 -1/2 +1/3 -1/4 +… -1/100 =%10.3f \n",s);
}
```

4. 设计性实验

（1）编程输出以下图形。

```
          1
         2  2
        3  3  3
      4  4  4  4
     5  5  5  5  5
    6  6  6  6  6  6
```

（2）编写一个程序输出所有 5 位数字的回文。

（3）编程计算 e =1 +1/1！ +1/2！ +1/3！ + … +1/n！。精度为 1e -6（即最后一项 1/n！ <1e -6 就停止循环）。

提示：注意 1/n！ = (1/ (n -1)！) * (1/n)；利用循环加上每一次的分项。

实验 9　函数基本应用

【实验目的】

（1）掌握函数声明、定义及调用的方法。

（2）掌握函数实际参数与形式参数的对应关系及数据的“值传递”方式。

（3）掌握递归的思想和递归调用的一般方法。

（4）学习编写简单的递归程序。

【实验内容】

1. 验证性实验

（1）下列程序的执行结果是什么？

```
#include <stdio.h>
void change(int a,int b)
{int  t;
 t =a;a =b;b =t;
}

void main( )
{int  x,y;
 printf("input x,y: ");
 scanf("%d,%d",&x,&y);
 change(x,y);
 printf("x =%d,y =%d \n",x,y);
```

```
}
```

思考：为什么 x 与 y 的值没有互换？

（2）下列程序的执行结果是什么？

```
#include <stdio.h>
void exam1(int);
void exam2(void);
int a=0;
void main(void)
{int a;
 a=15;
 printf("a=%d\n",a);
 exam1(a);
 printf("a=%d\n",a);
 exam2( );
 printf("a=%d\n",a);
}

void exam1( int a)
{printf("\ta=%d\n",a);
 a++;
 printf("\ta=%d\n",a);
}

void exam2(void)
{printf("\ta=%d\n",a);
 a++;
 printf("\ta=%d\n",a);
}
```

2. 程序填空

（1）下列程序的功能是：输出 100～1000 所有既能被 3 整除又能被 7 整除的数。

```
#include <stdio.h>
void main()
{int  k;
 int sele(int  n);
 for(k=100;k<=1000;k++)
  if(____①____)
  printf("%5d", ____②____ );
printf("\n");
```

```
}

int  sele(int  n)
{if(___③___)
  return (1);
 return 0 ;
}
```

（2）下列程序的功能：prime（）函数用于判别一个数是否为素数，在主函数输入一个整数，输出是否为素数的信息。

```
#include <stdio.h>
void main()
{
 int number;
 int prime(int number);
 printf("请输入一个正整数:\n");
 scanf("%d",&number);
 if (prime(number))
 printf("\n %d是素数. ",number);
 else
    printf("\n %d不是素数. ",number);
}

int prime(int  num) /* 此函数用于判别素数* /
{int flag =____①____ ,n;
 for(n =2;n < =num/2&& ____②____ ;n ++)
  if (____③____ ==0)
      flag =0;
 return(____④____ );
}
```

（3）以下程序功能：输入一个长的正整数，将其每位数分离出来，并求其和。例如，输入650123，输出为6 +5 +0 +1 +2 +3 =17（求和采用递归实现）。

```
#include <stdio.h>
int  sum(long n)
{unsigned long x;
 if(n <10)
 ____①____;
 else
    x =sum(n/10) + ____②____;
```

```
 return ____③____;
}

void main()
{unsigned  long x;
 printf("请输入一个整数:");
 scanf("% lu",&x);
 printf("s=%d",____④____);
 printf("\n");
}
```

3. 程序改错

(1) 下列程序的功能：利用自定义函数计算一无符号整数各位数字的乘积。

```
#include <stdio.h>
unsigned f(unsigned num)
{unsigned k=0; ★
 do
 {k* =num/10; ★
  num/=10;
 }while(k); ★
 return k;
}

void main()
{int x;
 printf("input x=:\n");
 scanf("%d", x); ★
 printf("%d",f(x));
}
```

(2) 以下程序的功能：输入一个三位数，判断是否为“水仙花数”。函数 flower () 用以判断一个数是否为“水仙花数”，主函数 main () 中进行测试。

```
#include <stdio.h>
int flower(int n)
{int x=0,i,j,k;
 i=(n% 10);
 j= (n/10/10); ★
 k=(n/100);
 x=i* i* i+j* j* j+k* k* k;
 if(x==n)  return 0;
```

```
    else      return 1;
   }

   void main()
   { int n;
    printf("Please intput n:  ");
    scanf("% f",&n); ★
    if(n>999||n<100)
     printf("Input error!!!");
    else
     {if(flower(n)) ★
       printf("%d is a flower nubmer! \n",n);
     else
       printf("%d isn't a flower nubmer! \n",n);
    }
   }
```

4. 设计性实验

（1）写一函数判断输入年份是否为闰年，并编写主函数测试。

提示：①该函数有一个整型参数 year，若 year 为闰年，则返回 1，否则返回 0。②判断年份 year 是否为闰年的条件是：若 year 能被 4 整除而且不能被 100 整除，则是闰年；若 year 能被 400 整除也是闰年。

（2）编写函数求出任意两个正整数的最大公约数和最小公倍数。在主函数中输入这两个数，并输出它们的最大公约数和最小公倍数。

（3）编写一个函数求 $1+2+3+\cdots+100$。要求用递归调用的方法实现，并写一个主函数输出结果。

（4）已知二阶 Fibonacci 数列：

$Fib(0)=0$；若 $n=0$

$Fib(1)=1$；若 $n=1$

$Fib(n)=Fib(n-1)+Fib(n-2)$ 其他情况

定义递归和非递归函数求 Fib(n)。

实验 10　变量的存储属性与编译预处理

【实验目的】

（1）理解、掌握变量的作用域和生存期的概念。

（2）掌握全局变量、局部变量的定义方法，以及它们作用域的确定方法。

（3）掌握静态局部变量的定义和使用方法。

（4）掌握宏定义的方法，了解使用宏时应注意的问题。

（5）掌握文件包含处理的方法。

（6）了解条件编译的方法。

【实验内容】

1. 验证性实验

（1）下列程序的执行结果是什么（理解变量的作用域、生存期、全局变量及局部变量的定义方法）？

```
#include <stdio.h>
int i =1;
int main()
{static int a;
 int b = -10;
 int c =0;
 void other(void);
 printf(" ---MAIN--- \n");
 printf(" i:%d a: %d b:% d  c: %d\n",i,a,b,c);
 c =c +8;  other();
 printf(" ---MAIN--- \n");
 printf(" i:%d a: %d b:% d  c: %d\n",i,a,b,c);
 i =i +10; other();
}

void other(void)
{static int a =2;
 static int b;
 int c =10;
 a =a +2; i =i +32; c =c +5;
 printf(" ---OTHER--- \n");
 printf(" i:%d a: %d b:% d  c: %d\n",i,a,b,c);
 b =a;
}
```

（2）下列程序的执行结果是什么（利用参数宏实现两个参数的值交换）？

```
#include <stdio.h>
#define SWAP(a,b)  {int t =a;  a =b;  b =t;}

void main()
{int x,y;
 printf("enter 2 integer (x y) to swap:");
 scanf("%d%d",&x,&y);
 SWAP(x,y);
```

```
 printf("swap..\nx=%d,y=%d\n",x,y);
}
```

（3）下列程序的执行结果是什么（利用带参数宏判断一个字符是否为字母字符）？

```
#include <stdio.h>
#define MYALPHA(c)  (c>='A'&&c<='Z'||c>='a'&&c<='z'? 1:0)
void main()
{char ch;
 printf("enter a char:");
 scanf("%c",&ch);
 if(MYALPHA(ch))
  printf("%c is an alpha.\n",ch);
   else
  printf("%c isn't an alpha.\n",ch);
}
```

2. 程序填空

（1）用函数 fac（）求 n 的阶乘，主函数 main（）打印 1～6 的阶乘。

```
#include  <stdio.h>
  int  fac(int n)
  {____①____f=1;
   f=f* n;
   ____②____;
  }
  void  main()
  {
   int  i;
   for(i=1;i<=6;i++)
   printf("%d!=%d\n",i,____③____);
  }
```

（2）以下程序的功能：求三个数的最大值。

```
#include <stdio.h>;
#define  MAX(a,b) ((a)>(b)? (a):____①____)
void main( )
{int a,b,c,m;
 printf("input three number a,b,c:\n");
 scanf("____②____",&a,&b,&c);
 m=MAX(____③____,c);
 printf("the max number is %d! \n",m);
```

```
}
```

3. 程序改错

以下程序的功能：用带参数的宏计算圆面积。

```
#include <stdio.h>;
#define  PI  3.14;★
#define  GETAREA(r) PI* (r)* (r)
void main( )
{float r,s;
 scanf("% f",r); ★
 s=GETAREA(r+2);
 printf("s=%f \n",&s); ★
}
```

4. 设计性实验

（1）编写一函数，把输入的 4 个数字字符转换成 int 数据存放。

（2）从主函数中输入 $ax^2+bx+c=0$ 的 a、b、c 参数，用函数求出当 b^2-4ac 大于或等于 0 时的实数根，并输出结果。

（3）编写一函数，将形参 n 中各位上为偶数的数取出，按原来从高到低的顺序组成一个新的数，并作为函数值返回。

（4）定义两个带参数的宏，将两个参数的值相加和相减，并写出程序，输入两个数作为使用宏时的实参。输出相加和相减后的和与差。

实验 11　一维数组

【实验目的】

（1）掌握一维数组的定义、赋值和输入输出的方法。

（2）掌握一维数组元素的引用方法与初始化。

（3）掌握与数组有关的常用算法（选择、冒泡、插入排序，顺序、二分查找，数组的插入、输出，数组的倒置）。

【实验内容】

1. 验证性实验

（1）下列程序的执行结果是什么？（求 Fibonachi 数列的前 20 项并输出）

```
#include <stdio.h>
void main()
{int f[21]={0,1,1},n;
 for(n=3; n<=20;  n++)
    f[n]=f[n-1]+f[n-2];
 for(n=1; n<=20; n++)
```

```
 {printf("% 5d",f[n]);
  if(n% 5 ==0) printf("\n");}
 printf("\n");
}
```

（2）下列程序的执行结果是多少？

```
#include <stdio.h>
void main()
{int i,j,a[] ={0,2,8,4,5};
 printf("\n");
 for(i =1;i < =5;i ++)
 {j =5 -i;
   printf("% 2d",a[j]);
 }
}
```

（3）下列程序的执行结果是多少？

```
#include <stdio.h>
void main()
{int a[11],b[4],i,j;
 for(i =1;i < =10;i ++)  a[i] =i;
 for(i =0;i <4;i ++)  b[i] =0;
 for(i =1,j =0;i < =10;i ++)
 {  b[j] + =a[i];
    if(i% 3 ==0) j ++;
 }
 for(;j > =0;j --) printf("%3d",b[j]);
}
```

2. 程序填空

（1）以下程序的功能：从键盘输入一个整数，并将其插入已按升序排列的数组中，要求插入操作完成后，数组中的元素仍按升序排列。

```
#include <stdio.h>
void main()
{int x,i,k =10;
 int a[11] ={8,18,28,38,48,58,68,78,88,98};
 printf("请输入需要插入的一个整数:");
 scanf("%d",&x);
 ____①____;
 for(i =0;i <10;i ++)
```

```
    if(x<a[i]) {k=i;____②____}
  for(i=10;i>k;i--)
    a[i]=a[i-1];
  ____③____;
  for (i=0;i<11;i++)
    printf("% 5d",a[i]);
  printf("\n");
}
```

（2）以下程序的功能：找出 1 ~ 100 能被 7 或 11 整除的所有整数的数量并输出每个整数（其中输出是每 5 个数为一行）。

```
#include <stdio.h>
void main()
{int n=0,a[100],i;
 for(i=1; i<=100; i++)
 {if(____①____)
    {a[n]=i;
     ____②____;
    }
 }
 printf("n=%d\n",n);
 for(i=0; i<n; i++)
 {
    if(____③____)printf("\n");
    printf("%d\t",a[i]);
 }
 printf("\n");
}
```

3. 程序改错

（1）下列程序的功能：在一个已排序数组中删除任意一个整数。

```
#include <stdio.h>
void main()
{int x, i,j,k;
 int a[10]={ 8,18,28,38,48,58,68,78,88,98};
 printf("请输入需要删除的一个整数:");
 scanf("%d",&x);
 i=0 ;
 j=9 ;
 while(i<=j)
```

```
    {k = (i + j)/2 ;
     if(a[k] == x) continue; ★
     if(a[k] > x)  i = k - 1; ★
     if(a[k] < x)  j = k + 1; ★
    }
    if(i > j) printf("需要删除的数不在数组中\n");
    else  {  for( ;k < 9;k ++)  a[k] = a[k + 1];
             for (i = 0;i < 10;i ++) ★
               printf("% 5d",a[i]);
          }
}
```

（2）以下程序的功能是将数组元素 a［1］+ a［2］+ a［3］的和存入数组元素 b［0］中，a［4］+ a［5］+ a［6］的和存入数组元素 b［1］中，a［7］+ a［8］+ a［9］的和存入数组元素 b［2］中，a［10］存入数组元素 b［3］中，然后倒序输出数组元素 b 的各元素，即按 b［3］、b［2］、b［1］、b［0］的顺序输出。

```
#include  < stdio. h >
void main()
{int a[11],b[4],i,j;
 for(i =1;i < =10;i ++)
    a[i] = i;
 for(i =0;i <4;i ++)
    b[i] =0;
 for(i =0,j =0;i < =10;i ++) ★
    {b[j] + = a[i];
     if(i% 3 =0) j ++;★
    }
 for(;j > =0;j ++) ★
    printf("%3d",b[j]);
}
```

4. 设计性实验

（1）编写一个程序实现从键盘上任意输入 50 个正整数，找出其中的素数，并将其按升序排列。

（2）编写一个程序实现口令检查功能。从键盘输入一个口令与已经存入数组中的口令进行比较；如果口令输入正确，屏幕输出“您好，我的主人!”，如果口令输入不正确，屏幕显示“离我远点!”；可以有三次输入口令的机会。要求输入的口令以* 显示，如输入123，屏幕不能显示 123，以* * * 显示。

提示口令输入部分程序段如下：

```
#include "conio. h"
```

```
i =0;
ch =getch();        /*  getch()函数从键盘接收字符,不在屏幕上显示  */
while(ch!=13)       /*  13 为换行字符 ASCII 码 ,键盘输入为回车键 */
{st[i] =ch;
 putchar('* ');
 ch =getch();
 i ++;
}
st[i] = '\0';
```

（3）编程求出任意一个一维数组元素中最大值和最小值的下标。数组元素的值由用户用键盘输入。

（4）编程实现在一维数组中查找、插入和删除一个元素的操作。

实验 12　二 维 数 组

【实验目的】

（1）掌握二维数组的定义、赋值和输入输出的方法。

（2）掌握二维数组元素的引用方法与初始化。

（3）掌握二维数组的常见操作。

【实验内容】

1. 验证性实验

（1）下列程序的执行结果是多少?

```
#include <stdio.h>
void main()
{int a[3][4] ={1,2,3,4,5,6,7,8,9,10,11,12},i,j,sum =0;
 for(i =0;i <3;i ++)
    for(j =0;j <4;j ++)
       {if(i!=1) sum+ =a[i][j];
        if(j ==0 ||j ==3) sum+ =a[i][j];
       }
 printf("%d",sum);
}
```

（2）下面程序的输出结果是什么?

```
#include <stdio.h>
void main()
{int a[][3] ={9,7,5,3,1,2,4,6,8};
 int i,j,s1 =0;
 for(i =0,j =0;i <3;i ++,j ++)
```

```
   if (i==j) s1+=a[i][j];
   printf("%d\n",s1);
  }
```

（3）下面程序的输出结果是什么？

```
#include <stdio.h>
void main()
{int i,j,row=0,col=0,m;
 int a[3][3]={1,-2,0,4,-5,6,2,4};
 m=a[0][0];
 for(i=0;i<3;i++)
  for(j=0;j<3;j++)
    if(a[i][j]<m)
    {m=a[i][j];
     row=i;
     col=j;}
 printf("(%d,%d)=%d\n",row,col,m);
}
```

2. 程序填空

（1）以下程序的功能：求方阵主对角线上元素之和、方阵辅对角线上元素之积和方阵中最大的元素。

```
#include <stdio.h>
#define N 4
void main()
{int a[N][N],s1=0,s2=1,max,i,j;
 for(i=0;  i<N;  i++)
  for(j=0;  j<N;  j++)
    scanf("%d",____①____);
max=____②____;
for(i=0;i<N;i++)
  for(j=0; j<____③____;j++)
  {
    if(i==j)____④____;
    if(i+j==N-1)s2*=a[i][j];
    if(a[i][j]>____⑤____)max=a[i][j];
  }
 printf("s1=%d,s2=%d,max=%d\n",s1,s2,max);
}
```

（2）以下程序功能计算矩阵所有周边元素的和。

```
#include <stdio.h>
#define M 4
#define N 3
void main( )
{int a[M][N] = {{1,2,3},{4,5,6},{7,8,9},{10,11,12}};
 int sum = ____①____,i,j;
 for(i =0;i <N;i ++)
  sum + =a[0][i] + ____②____;
 for(j =1;j <M -1;j ++)
  sum + =a[j][0] + ____③____;
 printf("%d \n",sum);
}
```

3. 程序改错

（1）以下程序的功能：求矩阵 a [M] [N]的转置矩阵 b [N] [M]。要求分别输出原矩阵 a [M] [N]和转置后的矩阵 b [N] [M]。

```
#include <stdio.h>
#define  M  3
#define  N  4
void main( )
 {int a[M][N] = {{1,2,3,4},{5,6,7,8 },{9,10,11,12}};
  int b[M][N]; ★
  int i,j;
  for(i =0;i <M;i ++)
 {for(j =0;j <N;j ++)
     printf("%3d",a[i][j]);
  printf(" \n");}
 for(i =0;i <M;i ++) ★
   for(j =0;j <N;j ++) ★
     b[i][j] =a[j][i];
 printf(" \n");
 for(i =0;i <M;i ++) ★
 {for(j =0;j <N;j ++) ★
     printf("%3d",b[i][j]);
 printf(" \n");}
}
```

（2）从键盘输入一个 4 ×4 的整数矩阵，以主对角线（ \ ）为对称轴将左下角元素中较大者替换右上角对应元素，并将右上角含对称轴输出。

```
#include <stdio.h>
```

```
void main()
{int d[4][]={{0,0,0,0}},i,j; ★
 printf("\nPlease input 16 num:  ");
for(i=0;i<4;i++)
for(j=0;j<4;j++)
     scanf("%d",&d[i][j]);
for(i=0;i<4;i++)
for(j=0;j<4;j++)
       if(d[i][j]<d[j][i])
          d[j][i]=d[i][j]; ★
for(i=0;i<4;i++)
  {printf("\n\n\n\n\n");/* 为了保持每行的间隔与每列相同* /
for(j=0;j<4;j++)
    if(j>i) ★
     printf("\t%d",d[i][j]);/* 为了使位数不同的数输出依然保持三角形* /
    else
     printf("\t");
  }
}
```

4. 设计性实验

（1）输入一个 3×6 的二维整型数组，输出最大值、最小值及其所在的行列下标。

（2）编写一个程序找出一个二维数组中的鞍点，即该位置上的元素在该行上最大，在该列上最小，也可能没有鞍点。

（3）打印以下杨辉三角形（打印行数有用户键盘输入）。

```
1
1   1
1   2   1
1   3   3   1
1   4   6   4    1
1   5   10  10   5   1
1   6   15  20   15  6   1
```

实验13 字符数组

【实验目的】

（1）掌握字符数组的定义、赋值和初始化。

（2）掌握字符数组的输入输出方法。

（3）掌握常用字符串处理函数的使用方法。

（4）掌握数组作为函数参数的使用方法。

【实验内容】

1. 验证性试验

（1）下列程序的执行结果是什么？

```
#include <stdio.h>
void main()
{char s[20] = "I like it. ",t[20] = "Are you? ";
 int i =0;
 while(t[++i]!= '\0')
 s[i] =t[i];
 s[i] =0;
 printf("string s:%s \n",s);
}
```

（2）下列程序的执行结果是什么？

```
#include <stdio.h>
void main()
{int i;
 char data[26];
 for(i =0;i <26;i ++)
    data[i] =65 +i;
 for(i =0;i <26;i ++)
    printf("data[%d] =%c \n",i,data[i]);
}
```

（3）下列程序的执行结果是什么？

```
#include <stdio.h>
#include <string.h>
void main()
{char a[20] = "Good \t \\\0China";
 int i,j;
 i =sizeof(a);
 j =strlen(a);
```

```
printf("%d,%d\n",i,j);
}
```

（4）下列程序的执行结果是什么？

```
#include <stdio.h>
void main()
{
/* 二维字符数组的声明和初始化,未被初始化的元素初始值为 0  */
char diamond[][5] = {{' ',' ','*'},{' ','*',' ','*'}, {'*',' ',' ',
' ','*'},
{' ','*',' ','*'}, {' ',' ','*'}};
int i,j;
for (i =0;i <5;i ++) /* 逐个输出二维字符数组的元素  */
 {
 for(j =0;j <5 && diamond[i][j]!=0;j ++)
   printf("%c",diamond[i][j]);
 printf("\n");
 }
}
```

2. 程序填空

（1）以下程序的功能是将读入的字符串 s1 复制给字符串 s2。

```
#include <stdio.h>
void main( )
{int i;
char  s1[20],s2[20];
printf("enter string1");
gets(s1);
for(i =0;____①____;i ++)
____②____;
s2[i] = '\0';
printf(" string2:%s \n",____③____);
}
```

（2）下面程序的功能是将读入的字符串 s + r 进行逆序后输出。

```
#include <stdio.h>
voi main()
{char str[100],k;
 int n,i,j;
 gets(str);
```

```
    n=0;
    while(____①____)n++;
   for(____②____;i<j;i++,j--)
      {k=str[i];____③____;str[j]=K;}
 pufs(str);
}
```

3. 程序改错

（1）下列程序在主程序中初始化一个矩阵并将每个元素输出，然后调用子函数，分别计算每一行元素之和，将和直接存放在每行的第一个元素中，返回主函数之后输出各行元素的和。

```
#include <stdio.h>
void rowsum(int a[][4], int nrow)
{
 for (int i = 0; i < nrow; i ++)
  {for(int j = 1; j < 4; j ++)
   a[i][0] += a[i][j];
  }
}
void  main()
{int table[3][] = {{1,2,3,4},{2,3,4,5},{3,4,5,6}};★
for (int i = 0; i < 3; i ++)
  {for(int j = 0; j < =4; j ++)
     printf("%d  ",table[i][j] );
  printf("\n");
  }
rowsum(table[3][4],3); ★
for (i = 0; i < 3; i ++)
  printf( "sum of row%d is %d  \n",i ,table[i][0]);
}
```

（2）以下程序的功能是读入的两个字符串 s1，s2 进行连接操作（s2 连接到 s1 后）。

```
#include <stdio.h>
void main()
{char s1[100],s2[100];
 int i,j;
 gets(s1);
 gets(s2);
 i=0;
 while(s1[i])i++;
```

```
    j=0;
    while(s2[j])
    {s1[++i]=s2[j++]; ★
    }
    s1[j]='\0'; ★
    puts(s1);
   }
```

4. 设计性实验

（1）编写一个程序实现以下功能：在字符串 sir 中找出最大的字符并放在第一个位置上，并将该字符前的原字符往后顺序移动，如 chyab 变成 ychab。

（2）输入一个字符串，将其中的所有大写字母改为小写字母，而所有小写字母全部改为大写字母，然后输出。

（3）从键盘输入一串字符串，统计字符串中特定字符的个数（特定字符也需要从键盘输入），并输出个数。

（4）编写函数求出任意一个一维数组元素中最大值和最小值的下标。在主函数中输入数组元素的值，输出最大值、最小值。

（5）用模块化方法实现数组的四个基本操作：排序、查找、插入和删除。

（6）编写程序：从键盘输入 4 个字符串（长度<20），存入二维字符数组中。然后对它们进行排序（假设由小到大顺序），最后输出排序后的 4 个字符串（允许使用字符串函数）。

【提示】字符串比较可以用 strcmp 函数实现，排序方法有选择法或冒泡法。

实验 14　指针与函数

【实验目的】

（1）掌握地址、指针、指针变量的概念。

（2）掌握指针变量的正确定义和引用方法。

（3）了解指向多级指针的概念及其使用方法。

（4）能正确使用函数指针和指向函数的指针变量。

【实验内容】

1. 验证性试验

（1）下列程序的执行结果是什么？

```
#include <stdio.h>
void main()
{int x,y;
 int * px,* py;
 px=&x;
 py=&y;
 * px=10;
```

```
 * py = * px +10;
 printf ("x = %d,y = %d \n",x,y);
 printf ("* px = %d, *py = %d \n", *px, *py);
}
```

(2) 下列程序的执行结果是什么?

```
#include <stdio.h>
void main ( )
{ int a,b,t;
 int * pa = &a, *pb = &b;
 printf ("please input two number:");
 scanf ("%d%d",pa,pb);
 t = * pa;
 * pa = * pb;
 * pb = t;
 printf ("a = %d,b = %d \n",a,b);
 printf ("* pa = %d, *pb = %d", *pa, *pb);
}
```

(3) 下列程序的执行结果是什么?

```
#include  <stdio.h>
void main ()
{char * s2 = "I love China! ",** s1 = &s2;
 char * s3,c,*s4 = "w";
 s3 = &c;
 * s3 = 'H';
 s2 = s2 +2;
 printf ("%s \t%c \t%s \t%c \n",s2,*s3,s4,** s1);
}
```

(4) 下列程序的执行结果是什么?

```
#include <stdio.h>
void sort (int * x, int * y, int * z)
{int t ;
 if (* x > * y) {t = * x;* x = * y;* y = t;}
 if (* x > * z) {t = * x;* x = * z;* z = t;}
 if (* y > * z) {t = * y;* y = * z;* z = t;}
}
void main ()
{int a,b,c;
 printf (" \n a, b, c = ?");
```

```
 scanf("%d,%d,%d",&a,&b,&c);
 sort(&a,&b,&c);
 printf("\na,b,c=%d,%d,%d",a,b,c);
}
```

2. 程序填空

（1）以下程序的功能是利用指针找出 3 个整数中的最小数。

```
#include <stdio.h>
void main( )
{int * p1,*p2,*p3,min,x,y,z;
 p1 = &x;
 p2 = &y;
 p3 = &z;
 printf("please input three integer: ");
 scanf("%d%d%d",p1,p2,p3);
 ______①______;
 if(* p1 > * p2)
______②______;
 if(min > * p3)
 ______③______;
 printf("min = %d\n",min);
}
```

（2）以下程序利用指向函数的指针实现函数调用，完成可选择的加减乘除运算。

```
#include <stdio.h>
/* 定义函数 add* /
int add(int x,int y)
{  printf("%d + %d =",x,y);return x + y;}
/* 定义函数 sub* /
int sub(int x,int y)
{  printf("%d - %d =",x,y);return x - y;}
/* 定义函数 mult* /
int mult(int x,int y)
{  printf("%d* %d =",x,y);return x*y;}
/* 定义函数 dev* /
int dev(int x,int y)
{  printf("%d/%d =",x,y);return x/y;}

void main()
{  int (* funp)(int,int);
```

```
    char op;
    int x,y;
    printf("Please intput the expression a +(-* /)b:\n");
    scanf("%d",&x);
    scanf("%c",&op);
    scanf("%d",&y);
    _____①_____(op)
    {case '+':funp=_____②_____;break;
    case '-':funp=sub;break;
    case '*':funp=mult;break;
    case '/':funp=dev;break;
    default:printf("Operator is illegal;\n");
    }
    printf("%d\n",_____③_____(x,y));

}
```

3. 程序改错

（1）以下程序的功能：输入 3 个整数，按由小到大的顺序输出。

```
#include <stdio.h>
void main()
{int i1,i2,i3;
 int * p1,*p2,*p3;
 void swap(int ,int ); ★
 printf("Please enter three integer:\n");
 scanf("%d%d%d",i1,i2,i3); ★
 p1=i1;p2=i2;p3=i3; ★
 if(i1>i2) swap(p1,p2);
 if(i1>i3) swap(p1,p3);
 if(i2>i3) swap(p2,p3);
 printf("pai xu hou de shu:%d,%d,%d\n",i1,i2,i3);
}
void swap(int * p,int * q)
{int t;
 t=*p;
 *p=*q;
 *q=t;
}
```

（2）下列程序的功能：利用自定义函数计算一无符号整数各位数字的乘积。

```
#include <stdio.h>
unsigned * f(unsigned num)
{unsigned s=1,*p;
 p=s; ★
 do
 {s=s* (num%10);
 num/=10;
 }while(num);
 return p;
}
void main()
{unsigned x,*p;
 printf("input x=:\n");
 scanf("%d",&x);
 p=f(x);
 printf("%d",p); ★
}
```

4. 设计性实验

（1）编写一函数，其功能是求一个长正整数各位数字之和。要求使用指针函数实现结果的返回。在主函数中进行测试。例如，在主函数中输入348762，输出结果应为30，即3+4+8+7+6+2的和。

（2）编写一函数求两个整数的最大公约数，要求使用指针函数实现结果的返回。在主函数中调用此函数进行测试。两个整数由键盘输入。

实验15 指针与数组

【实验目的】

（1）进一步理解指针概念。

（2）掌握指针与一维数组的关系。

（3）掌握指针与二维数组的关系。

（4）掌握指针数组的定义和引用。

（5）掌握用指针数组、字符串指针编写相应的应用程序。

【实验内容】

1. 验证性试验

（1）下列程序的执行结果是什么？

```
#include <stdio.h>
void main()
{int a[10];
```

```
  int * p;
  for(p=a; p<a+10; p++)
     scanf("%d",p);
  for(p=a; p<a+10;  p++)
  {printf("address=%x\t",p);
   printf("value=%d\n",*p);
}
printf("%d\t",p);
printf("%d\n",*p);
}
```

(2) 下列程序的执行结果是什么?

```
#include <stdio.h>
void main()
{int a[5][5];
 int i,j;
 for(i=0;i<5;i++)
  for(j=0;j<5;j++)
    *(*(a+i)+j)=i+j;
 for(i=0;i<5;i++)
   {  for(j=0;j<5;j++)
        printf("%2d",*(*(a+i)+j));
      printf("\n");
   }
}
```

(3) 下列程序的执行结果是什么?

```
#include <stdio.h>
void main()
{char str[3][15]={"I ","am ","a student!"},*sp[3];
int i;
for(i=0;i<3;i++)
  sp[i]=str[i];
for(i=0;i<3;i++)
    printf("%s",sp[i]);
printf("\n");
}
```

(4) 下列程序的执行结果是什么?

```
#include <stdio.h>
#include <string.h>
```

```
#define MAXLEN 25
void sort(char * str[])
{inti,j;
 char * p;
 for(i =0;i <10;i ++)
   {for(j =i;j <10;j ++)
       if(strcmp(* (str +i), * (str +j)) >0)
       {p =*(str +i);
       * (str +i) =*(str +j);
       * (str +j) =p;
       }
   }
}
void main( )
{char * sp[10],s[10][ MAXLEN];
int i;
for(i =0;i <10;i ++)
  sp[i] =s[i];
printf("shu ru strings: \n");
for(i =0;i <10;i ++)
  scanf("%s",sp[i]);
sort(sp);
printf("pai xu hou de strings: \n");
for(i =0;i <10;i ++)
  printf("%s \n",sp[i]);
printf(" \n");
}
```

2. 程序填空

（1）以下程序的功能：求数组 a 中元素的和。

```
#include  <stdio.h >
void main( )
{int a[10];
 int * p,sum =0;
 for(p =a; p <a +10; p ++)
    scanf("%d",____①____);
 for(p =a;p <a +10;p ++)
    sum =sum +____②____;
 printf("sum =____③____ \n",sum);
}
```

（2）以下程序功能：在数组中查找与 x 值相同的元素所在的位置。

```
#include <stdio.h>
void main( )
{int i,x,a[11];
 printf("please input ten number:");
 for(i=1;i<11;i++)
    scanf("%d",a+i);
 printf("please input x: ");
 scanf("%d",&x);
 a[0]=_____①_____;
 i=10;
 while(x != *(a+i))
 _____②_____;
 if(_____③_____)
   printf("found position is :%d",i);
 else
   printf("not found!");
}
```

3. 程序改错

（1）以下程序的功能：求一元二次方程的实数根。

```
#include <stdio.h>
#include <math.h>
double * quadratic(double * factor)
{  static double result[2];
   double delta;
   delta=factor[1]* factor[1]-4* factor[0]* factor[2];
   if(delta<0) return 0;
   delta=sqrt(delta);
   result[0]=(-factor[1]+delta)/(2* factor[0]);
   result[1]=(-factor[1]-delta)/(2* factor[0]);
   return result;
}
void main()
{  double fun[3],r; ★
   printf("Please enter three factors:");
   scanf("% f% f% f",&fun[0],&fun[1],&fun[2]); ★
   r=quadratic(fun[3]); ★
   if(r)
```

```
      printf("The solution is: X1 =%lf \tX2 =%lf \n",r[0],r[1]);
    else
      printf("No solution! \n");
}
```

（2）以下程序的功能：统计数组 a 中所有偶数的个数。

```
#include"stdio.h"
void main( )
{int a[10],*p,sum=0;
printf("请输入 10 个整数:");
for(p=a;p<a+10;p++)
      scanf("%d",*p); ★
for( ;p>=a;p--)★
      if(p% 2 ==0) sum++;★
printf("共有%d 个偶数",sum);
}
```

4. 设计性实验

（1）编写一个程序，通过指针变量找出一维数组中的最大值和最小值，并交换最大值与最小值的位置。

（2）编写一个程序，通过指针变量按字符串的长度对三个字符串从大到小排序，要求将这三个字符串存储在一个二维数组中。

（3）编写一个程序，通过指针变量将一个字符数组中的字符倒序输出。

（4）输入 10 个整数，将其中最小的数与第一个数对换，把最大的数与最后一个数对换，写 3 个函数：①输入 10 个数；②进行处理；③输出 10 个数。

（5）找出两个字符串中相应位置上相同的字母存入另一字符数组，并反序输出。

实验 16　结构体数据类型

【实验目的】

（1）掌握结构体变量的定义和使用。

（2）掌握结构体类型数组的定义、初始化、元素的赋值和使用方法。

（3）掌握结构体类型指针的使用方法。

【实验内容】

1. 验证性实验

（1）下列程序的执行结果是什么？

```
#include <stdio.h>
#include <conio.h>
/* 定义学生成绩结构:* /
```

```
struct score
{  int math;   /*  数学成绩 * /
   int eng;    /*  英语成绩 * /
   int comp;   /*  计算机成绩 * /
};
/*  定义学生基本信息结构:* /
struct stu
{  char name[12];          /*  姓名 * /
   char sex;               /*  性别 * /
   long StuClass;          /*  学号 * /
   struct score sub;       /*  成绩 * /
};

void main()
{  struct stu student1 = {"Li Ming",'M',990325,88,85,93};
   struct stu student2;
   student2 = student1;
   student2.name[0] = 'H';
   student2.name[1] = 'u';
   student2.StuClass = 990328;
   student2.sub.math = 78;
   printf("姓名\t 性别\t 学号\t\t 数学成绩\t 英语成绩\t 计算机成绩\n");
   printf("%s \t%c \t% ld \t \t%d \t \t%d \t \t%d \n", student1.name,
student1.sex, student1.StuClass, student1.sub.math, student1.sub.eng,
student1.sub.comp);
   printf("%s \t%c \t% ld \t \t%d \t \t%d \t \t%d \n",student2.name,
   student2.sex,student2.StuClass,student2.sub.math,
   student2.sub.eng,student2.sub.comp);
}
```

(2) 下列程序的执行结果是什么?

```
#include  <stdio.h>
struct ks
 {int  a;
  int * b;
 } s[5],*p;

void  main()
{int n =1,i;
printf("\n");
```

```
for(i=0;i<5;i++)
  {s[i].a=n;
   s[i].b=&s[i].a;
   n=n+2;
  }
p=&s[0];
p++;
printf("%d,%d\n",*((++p)->b),(p++)->a);
}
```

2. 程序填空

（1）设有 3 名学生的姓名和年龄存在结构体数组中，以下程序输出年龄居中者的学生姓名和年龄。

```
#include  <stdio.h>
struct man
  {char name[10];
   int  age;
  }stu[]={"li ming",21,"wang hua",23,"wang bin",25};

void main()
{ int i, max, min;
  max=min=stu[0].age;
  for (i=1;i<3;i++)
    if(stu[i].age>max)
       ______①______
    else  if(stu[i].age<min)
       ______②______
for(i=0; i<3; i++)
    if (stu[i].age!=max ______③______ stu[i].age!=min)
      printf("%s %d\n",stu[i].name,stu[i].age);
}
```

（2）下列程序用于在结构体数组中查找分数最高和最低的同学的姓名和成绩。

```
#include <stdio.h>
void main()
{  int max,min,i,j;
   static struct
  {char name[8];
    int score;
  }stud[5];
```

```
for(i=0;i<5;i++)
  scanf("%s%d", stud[i].name,&stud[i].score);
max=min= ____①____;
for(i=1;i<5;i++)
 if(stud[i].score>stud[max].score) ____②____;
  else if(stud[i].score<stud[min].score) ____③____;
printf("%s  %d", ____④____);
printf("%s  %d",stud[min].name,stud[min].score);
}
```

3. 程序改错

（1）以下程序的功能：从键盘输入 5 位职工信息，打印输出最高的工资

```
#include <stdio.h>
struct worker
{  char name[8];
   char id[18];
   int years;
   float pay;
};
void main()
{  struct worker w[5];
   int i;
   int max; ★
   printf("input name,id,years,pay:\n");
   for(i=0;i<=5;i++)★
   {
     scanf("%c%s%d%f",w[i].name,w[i].id,&w[i].years,&w[i].pay); ★
   }
   max=w[0].pay;
   for(i=1;  i<5;  i++)
   {
     if(max>w[i].pay)max=w[i].pay; ★
   }
   printf("max pay:%.2f\n",max);
}
```

（2）以下程序的功能：计算班级每位学生的平均成绩。

```
#include <stdio.h>
struct stud
{  char name[30];
```

```
        float score[4];
        float total;
        float average;
    }★

    void main( )
    {struct stud st[5];
     int i,j;
     printf("shu ru xue sheng de xingmin and chengji: \n");
     for(i =0;i <5;i ++)
        {scanf("%s",&st[i].name); ★
         for(j =0;j <4;j ++)
            scanf("% f",st[i].score[j]); ★
      }
    printf(" \naverage is: \n");
    for(i =0;i <5;i ++)
      {st[i].total =0;
       for(j =0;j <4;j ++)
          st[i].total + =st[i].score[j];
       st[i].average =st[i].total/4;
       printf("%d \n",st[i].average); ★
      }
    }
```

4. 设计性实验

（1）某班每个学生的学号、姓名、四科成绩（语文、数学、英语、综合）及平均分放在一个结构体数组中，班级人数、学生的学号、姓名和四项成绩由键盘输入，然后计算出平均分放在结构体对应域中，最后按如下格式输出每位学生的数据信息。

学号	姓 名	语 文	数 学	英 语	综 合	平均分
1	王国庆	115	130	105	239	147

…

（2）表 2 -2 为学生学习情况，编写程序用冒泡法对此学生学习情况表按成绩（grade）从高到低进行排序。

表 2 -2 成绩表

学号（num）	姓名（name）	性别（sex）	年龄（age）	成绩（grade）
1001	Wangyi	M	16	82.7
1002	Zhaoyi	M	17	99.0
1003	Liming	M	15	85.6
1004	Gaoben	F	16	77.8

续表

学号（num）	姓名（name）	性别（sex）	年龄（age）	成绩（grade）
1005	Chenping	F	17	67.4
1006	Zhangjing	F	16	99.5
1007	Handong	M	15	82.7
1008	Mengguang	M	16	60.5
1009	Xucong	F	17	94.5
1010	Chengcheng	F	16	96.7

提示：

定义结构体类型为

struct 结构体名

```
{int num;
 char name[15];
 char sex;
 int age;
 double grade;
};
```

实验 17　结构体数据类型的应用

【实验目的】

(1) 进一步熟悉结构体变量的定义和使用方法。

(2) 掌握结构体在函数中的使用。

(3) 掌握链表的基本操作。

【实验内容】

1. 验证性试验

(1) 下列程序的执行结果是什么？

```
/* 输出购书清单,函数的参数为结构类型* /
#include <stdio.h>
#include <conio.h>
#include <stdlib.h>
struct BookLib
{  char name[12];
   int num;
   float price;
   float SumMoney;
```

```
};
void InputInfo(struct BookLib StuBook[]);
void list(struct BookLib StuBook);
float Total =0;
void main()
{  struct BookLib Book[4];
   int i;
   InputInfo(Book); /* 调用函数输入购书信息 * /
   printf("\n------------------------ \n");
   printf("购书清单:\n");
   printf("书名\t\t\t 数量\t 单价\t 合计\n");
   for(i =0;i <4;i ++)
     list(Book[i]);     /* 输出购书清单 * /
   printf("购书金额总计:% .2f\n",Total);
}
/* 将输入的购书信息保存到结构数组 StuBook 中 * /
void InputInfo(struct BookLib StuBook[])
{  int i;
   printf("请输入 4 本要购进的书籍信息:书名  数量  单价\n");
   for(i =0;i <4;i ++)
{
   scanf("%s",StuBook[i].name);  /* 输入书名 * /
   scanf("%d% f",&StuBook[i].num,&StuBook[i].price); /* 输入数量和单价 * /
   Total =Total +StuBook[i].num* StuBook[i].price;
   }
}
/* 输出数组 StuBook 中的购书信息清单 * /
void list(struct BookLib StuBook)
{  StuBook.SumMoney =StuBook.num* StuBook.price;
   printf("% -24s%d\t% .2f\t% .2f\n",StuBook.name,
        StuBook.num,StuBook.price,StuBook.SumMoney);
}
```

（2）下列程序的执行结果是什么？

```
#include <stdlib.h>
#include <stdio.h>
struct string
{  char ch;
      struct string * nextPtr;
};
```

```
struct string * creat(struct string * h);
void print_string(struct string * h);
void int num=0;
main()
{  struct string * head;          /* 定义表头指针* /
   head=NULL;                     /* 创建一个空表* /
   printf("请输入一行字符(输入回车时程序结束):\n");
   head=creat(head);                 /* 调用函数创建链表* /
   print_string(head);              /* 调用函数打印链表内容* /
   printf("\n 输入的字符个数为:%d \n",num);
}
struct string * creat(struct string * h)
{
   struct string * p1,*p2;
   p1=p2=(struct string* )malloc(sizeof(struct string));/* 申请
新结点* /
   if(p2!=NULL)
   {
      scanf("%c",&p2->ch); /* 输入结点的值* /
      p2->nextPtr=NULL;     /* 新结点指针成员的值赋为空* /
   }
   while(p2->ch!='\n')
   {  num++;          /* 字符个数加 1 * /
      if(h==NULL)
       h=p2;/* 若为空表,接入表头* /
     else
     p1->nextPtr=p2;/* 若为非空表,接入表尾* /
     p1=p2;
     p2=(struct string* )malloc(sizeof(struct string));/* 申请下
一个新结点* /
     if(p2!=NULL)
     {
       scanf("%c",&p2->ch);/* 输入结点的值* /
       p2->nextPtr=NULL;
     }
}
return h;
}
void print_string(struct string * h)
  {  struct string * temp;
```

```
        temp = h; /* 获取链表的头指针* /
        while(temp! = NULL)
        {
          printf("% -2c",temp - > ch); /* 输出链表结点的值* /
          temp = temp - > nextPtr;       /* 移到下一个结点* /
        }
    printf("\b \b \b \b. ");
}
```

2. 程序填空

以下程序的功能：创建公交线路站名链表并将其输出。

```
#include < stdlib. h >
#include < stdio. h >
#include < conio. h >
struct station
{   char name[20];
    struct station * nextSta;
};
struct station * creat_sta(struct station * h);
void print_sta(struct station * h);
int num = 0;

void main()
{   struct station * head;
      head = _____①_____;
      printf("请输入站名: \n");
      head = creat_sta(head);
      printf(" ----------------------- \n");
      printf("共有%d 个站点: \n",num);
      print_sta(head);
}
struct station * creat_sta(struct station * h)
{   struct station * p1,*p2;
    p1 =p2 = (struct station* )malloc(_____②_____(struct station));
    if(p2 ! = NULL)
    {   scanf("%s",&p2 - > name);
        p2 - > nextSta = NULL;
    }
/* 当输入下一站名为'#'时,程序退出,输入示例:* /
/* 重庆 < space > 北京 < space > #* /
```

```
while(p2->name[0]!='#')
{  num++;
   if(h==NULL)
     h=p2;
   else
     ______③______=p2;
   p1=p2;
   p2=(struct station*)malloc(sizeof(struct station));
   f(p2!=NULL)
   {
   scanf("%s",&p2->name);
     p2->nextSta=NULL;
   }
  }
  return h;
}
void print_sta(struct station * h)
{
  struct station * temp;
  temp=h;
  while(temp!=NULL)
  {
    printf("%-s,",______④______);
    temp=temp->nextSta;
  }
}
```

3. 程序改错

以下程序的功能：删除链表中的一个结点并将结果输出。

```
#include <stdlib.h>
#include <stdio.h>
#include <conio.h>
#include <string.h>
struct station
{  char name[8];
   struct station * nextSta;
};
struct station * creat_sta(struct station * h);
void print_sta(struct station * h);
struct station * del_sta(struct station * h,char * str);
```

```
int num=0;

void main()
{  struct station head; ★
   char name[50],*del_stas=&name; ★
   head=NULL;
   printf("请输入站名:\n");
   head=creat_sta(head);  /* 建立链表 */
   printf("---------------------------\n");
   printf("站点数为:%d\n",num);
   print_sta(head);      /* 输出链表中的站点信息 */
   printf("\n 请输入要删除的站名:\n");
   scanf("%c",name); ★
   head=del_sta(head,&del_stas); ★/* 删除链表中的一个站点 */
   printf("---------------------------\n");
   printf("新的站点为:\n");
   print_sta(head);  /* 输出删除站点后链表中的站点信息 */
   printf("\n");
}
/* 建立由各站点组成的链表 */
struct station * creat_sta(struct station * h)
{ struct station * p1,*p2;
   p1=p2=(struct station* )malloc(sizeof(struct station));
   if(p2!=NULL)
   {
      scanf("%s",&p2->name); ★
      p2->nextSta=NULL;
   }
   while(p2->name[0]!='#')
{  num++;
   if(h==NULL)
      h=p2;
   else
      p1->nextSta=p2;
   p1=p2;
   p2=(struct station* )malloc(sizeof(struct station));
   if(p2!=NULL)
   {
   scanf("%s",&p2->name);
      p2->nextSta=NULL;
```

```
    }
  }
  return h;
}
/* 输出链表中的信息 * /
void print_sta(struct station * h)
{  struct station * temp;
   temp =h;            /* 获取链表的头指针* /
   while(temp! =NULL)
   {
      printf("% -8s",temp - >name);  /* 输出链表结点的值* /
      temp =temp - >nextSta;/* 移到下一个结点* /
   }
}
/* 修改链表中指针的指向,删除的站点名为 str 所指的字符串* /
struct station del_sta(struct station * h,char * str) ★
{ struct station p1,*p2; ★
  p1 =h;
  if(p1 ==NULL)
  {
    printf("The list is null \n");
    return h;
  }
  p2 =p1 - >nextSta;
  if(! strcmp(p1 - >name,str))
  {
    h =p2;free(p1);
    return h;
  }
  while(p2! =NULL)
  {
    if(! strcmp(p2 - >name,str))
    {
      p1 - >nextSta =p2 - >nextSta;free(p2);
      return h;
    }
    else
    {
      p1 =p2;
      p2 =p2 - >nextSta;
```

```
        }
    }
    return h;
}
```

4. 设计性实验

（1）编写一个函数 print( )，打印学生的成绩数组，该数组记录每个学生的数据，每个记录包括 num、name 和 score[3]。在主函数输入这些记录，用 print( ) 函数输出这些学生记录。

（2）编写一个程序采用表头插入或表尾插入的方法建立一个包含 10 名学生的链表。每个学生的信息包括学号、姓名，以及多科成绩和总分。

（3）用数组构造一个线性链表，使得数组的第一个元素的指针指向数组的第 2 个元素，…，第 i 个元素的指针指向第 i+1 个元素，而数组的最后一个元素的指针为空。这样就使得数组元素变成了线性链表的结点，从而构成了一个线性链表。请读入一批整数，构成一个线性链表，并访问该链表，输出链表中每个元素的值。

实验 18　共同体与枚举类型

【实验目的】

（1）掌握共用体变量的定义和使用。

（2）掌握枚举类型的说明、枚举变量的声明及其初始化，正确使用枚举值。

（3）掌握共用体变量和结构体变量的区别。

（4）了解位运算的操作功能。

【实验内容】

1. 验证性试验

（1）下列程序的执行结果是什么？

```
#include <stdio.h>
union w
{ int x;
  char ch[2];
} a;

void main( )
{ a.ch[0] =12;
  a.ch[1] =0;
printf("%d\n", a.x);
}
```

（2）下列程序的执行结果是什么？

```
#include <stdio.h>
struct EXAM
  {union
   {int  x;
    int  y;
   }in;
   int a;
   int  b;
  }e;

void main()
{e.a=1;
e.b=2;
e.in.x=e.a* e.b;
e.in.y=e.a+e.b;
printf("%d,%d",e.in.x,e.in.y);
}
```

(3) 下列程序的执行结果是什么?

```
#include <stdio.h>
void main( )
{enum coin{penny,nickel,dime,quarter};
 char * name[ ]={ "penny", "nickel", "dime","quarter"};
 enum coin money1,money2;
 money1=dime;
 money2=quarter;
 printf("%d, %d\n",money1,money2);
 printf("%s, %s\n",name[(int)money1],name[(int)money2]);
}
```

(4) 下列程序的执行结果是什么?

```
#include <stdio.h>
void main()
{  unsigned x;
   unsigned mask=0xaaaa;
   int i;
   printf("x(0x????):");scanf("%x",&x);
   x^=mask;
   printf("x=%x\n",x);
}
```

2. 程序填空

以下程序的功能：从键盘上输入一整数，显示与该整数对应的枚举元素的英文名。

```
#include <stdio.h>
void main()
{enum color{white,black,blue,red,yellow,green};
 enum color c1;
 int i;
 scanf("%d",&i);
 c1 = (____①____)i;
 switch(____②____)
 {
  case white: printf("white");break;
  case black: printf("black");break;
  case ____③____ :printf("blue");break;
  case red:   printf("red");break;
  case yellow:printf("yellow");break;
  case green: printf("green");break;
  ____④____ :    printf("input error");break;
 }
}
```

3. 程序改错

（1）以下程序的功能：将数组 month [31]中的元素 month [1] ~ month [30]依次循环赋值为枚举值 a，b，c，d，然后根据其值以此输出为字符'a'，'b'，'c'，'d'。

```
#include <stdio.h>
void main()
{  enum body { a,b,c,d } month[31],j;
   int i,x=0;
   j=0; ★
   for(i=1;i<=30;i++)
   {
    month[i]=j;
    j = (enum body)x++;★
    if (j>d){ j=a,x=0;}
   }
   for(i=1;i<30;i++)★
   {
    switch(month[i])
    {
```

```
        case a: printf(" % 2d %c\t",i,'a'); break;
        case b: printf(" % 2d %c\t",i,'b'); break;
        case c: printf(" % 2d %c\t",i,'c'); break;
        case d: printf(" % 2d %c\t",i,'d'); break;
        default: break;
      }
     }
printf("\n");
}
```

（2）以下程序的功能：用键盘输入一个共同体变量中的结构体成员的成员数据，然后输出此共同体变量中的结构体成员的所有成员数据，再用10进制方式按字节输出共同体中的每个字节单元的数据信息。

```
#include <stdio.h>
struct time
{
    short year;
    short month;
    short day;
};
union dig
{
    struct time data; /* 嵌套的结构体类型* /
    char byte[6];
}★

void main()
{   union dig unit;
    int i;
    printf("enter year:\n");
    scanf("%d",&unit.data.year);/* 输入年* /
    printf("enter month:\n");
    scanf("%d",unit.data.month);/*  输入月* /★
    printf("enter day:\n");
    scanf("%d",&unit.data.day);/* 输入日* /
    printf("year =%d month =%d day =%d \n", data.year,data.month,
data.day); ★
    for(i =0;i <6;i ++)
        printf("%d,",unit.byte[i]);/* 按字节以10 进制输出* /
    printf("\n");
}
```

4. 设计性实验

（1）编写一个“石头、剪刀、布”小游戏程序：在这个游戏中，两个人同时说“石头”、“剪刀”或“布”，压过另一方者为胜者。游戏规则：“布”胜过“石头”、“石头”胜过“剪刀”、“剪刀”胜过“布”。

（2）口袋中有红、黄、蓝、白、黑 5 种颜色的球若干个。每次从口袋中取出 3 个不同颜色的球，问有多少种取法。编程实现，要求输出每种取法的三种颜色。

实验 19　文　　件

【实验目的】

（1）掌握文件的基本概念。

（2）掌握文件操作的基本步骤，熟悉文件指针的使用。

（3）掌握文件的各种读写方式，以及相应的读写函数。

（4）学会将不同类型的数据写入文件或从文件中读出。

【实验内容】

1. 验证性实验

（1）下列程序的执行结果是什么？假设文本文件 file. txt 的内容为 Good China。

```
#include <stdio.h>
void main( )
{
 FILE * fp;
 char str[40];
 fp = fopen("file.txt","r");
 fgets(str,5,fp);
 printf("%s \n",str);
 fclose(fp);
}
```

（2）下列程序的执行结果是什么？

```
#include <stdio.h>
void main( )
{FILE * fp;
 char buf[100];
 char a[ ] = "qwertyuiop", b[ ] = "987654321";
 if ((fp = fopen("text.txt", "w+")) == NULL)
    return;
 fputs(a,fp);
 fputc('\n',fp);
 fputs(b,fp);
```

```
 rewind(fp);
 while(fgets(buf,100,fp) != NULL)
    printf("%s",buf);
 printf("\n");
 fclose(fp);
}
```

（3）下列程序的功能是什么？

```
#include <stdio.h>
#include <stdlib.h>
void main( )
{char ch;
 int count =0;
 FILE * fp;
 if((fp = fopen("exam1.txt","r")) ==NULL)
 {  printf("File open error! \n");   exit(1);  }
 while((ch = fgetc(fp))! =EOF)
 {
    if(ch > ='a'&&ch < ='z')
      count ++;
 }
 printf("count =%d",count);
 fclose(fp);
}
```

（4）下列程序的执行结果是什么？假设程序中数据文件 f3.txt 已经建立，其中存放了 10 个整型数据。

```
#include <stdio.h>
#include <stdlib.h>
void main( )
{  int max, x;
   FILE * fp;
   if((fp = fopen("f3.txt","r")) ==NULL)
    {printf("File open error! \n");exit(1);}
   fscanf(fp,"%d",&max);
   while( ! feof(fp) )
    {
     fscanf(fp,"%d", &x);
     if(x >max)   max =x;
    }
```

```
    printf("max = %d \n",max);
    fclose(fp);
}
```

2. 程序填空

（1）以下程序的功能：把从键盘读入的 10 个整数以二进制方式写入文件名为 number. dat 的新文件中。

```
#include < stdio. h >
#include < stdlib. h >
void main( )
{FILE * fp;
 int i,num;
 if(( fp = fopen(____①____ ,"wb")  == NULL)
  {
    printf("File create error!  \n");
    exit(1);
  }
for( i =0;i <5;i ++)
{
  scanf("%d",&num);
  fwrite(&num,sizeof(int),1,____②____ );
}
fclose(____③____ );
}
```

（2）以下程序功能：统计文本文件“letter. txt”中数字字符的个数。

```
#include < stdio. h >
#include < stdlib. h >
void main( )
{char ch;
int  count =0;
FILE * fp;
if(( fp = fopen("letter. txt","____①____ ") )  == NULL)
{
printf(" File open error!  \n");
exit(1);
}
while(____②____)
{
ch = ____③____ ;
```

```
if ( ch > = '0' &&ch < = '9') ____④____;
}
printf("count = %d", count);
fclose(fp);
}
```

3. 程序改错

（1）以下程序的功能：从键盘输入 n（n 由键盘输入）个学生信息，然后将其保存在文件 stu. dat 中，然后读取文件并输出成绩大于 80 分的学生信息。

```
#include <stdio.h>
#include <malloc.h>
struct student
{  char no[20],name[20];
   float score;
};

void main()
{  struct student * p,s;
   int n,i;
   FILE fp; ★
   printf("n:");
   scanf("%d",&n);
   p = (struct student* )malloc(sizeof(struct student)* n);
   printf("input student info:num name score \n");
   for(i =0;  i <n;  i ++)
   {
    scanf("%d%s% f",p[i].no,p[i].name,&p[i].score); ★
   }
   fp = fopen("stu.dat","rb"); ★
   fwrite(p,sizeof(struct student)* n,1,fp);
   fclose(fp);
   free(p);
   puts("info sved …");
   puts("student good:");
   fp = fopen("stu.dat","wb");★
   fread(s,sizeof(struct student),1,fp); ★
   while(! feof(fp))
   {
    if(s.score > =80)printf("%s \t%s \t% f \n",s.no,s.name,s.score);
    fread(&s,sizeof(struct student),1,fp);
```

```
    }
    fclose(fp);
}
```

（2）以下程序的功能：将两个文本文件连接成一个新的文本文件。

```
#include <stdio.h>
#include<stdlib.h>
void main()
{char n1[80],n2[80],n3[80];
FILE * fp1,fp2,*fp3; ★
char ch;
printf("…link two file …\n");
printf("first file :"); gets(n1);
printf("second file:"); gets(n2);
printf("linked file:"); gets(n3);
fp1=fopen(n1,"r");
fp2=fopen(n2,"r");
fp3=fopen(n3,"r");★
if(! fp1||! fp2||! fp3)
  {printf("Error Open File!  \n");exit(1);}
while((ch=fgetc(fp1))==EOF) ★
    fputc(ch,fp3);
while((ch=fgetc(fp2))!=EOF)
    fputc(ch,fp3);
fclose(fp1);
fclose(fp2);
fclose(fp3);
printf("link complete! …\n");
}
```

测试数据文件：

d1.txt 内容：

```
Hi
Hello How are you?
```

d2.txt 内容：

```
good morning!
Mrs Wang
```

运行过程：

```
…link two file …
```

```
first file :d1.txt
second file:d2.txt
linked file:d3.txt
link complete! …
```

运行后产生文件 d3. txt：

```
Hi
Hello How are you?
good morning!
Mrs Wang
```

4. 设计性实验

（1）设有一文件 cj. dat 存放了 10 个人的成绩（英语、计算机、数学），存放格式为每人一行，成绩间由逗号分隔。计算三门课平均成绩，统计个人平均成绩大于或等于 90 分的学生人数。

提示：①首先打开文件；②然后从文件中将数据取出，进行计算；③ 最后将计算结果输出到屏幕上，关闭文件。

（2）将二进制文件 file1. dat 的内容复制到 file2. dat 中。

提示：①首先以只读方式打开文件 file1. dat，以写方式打开 file2. dat。②然后读 file1，写 file2 ，注意判断文件结束。

（3）编程实现将一个文本文件的每行前依次顺序添加行号。

若文件 din. txt 内容为

```
Hi
Hello How are you?



good morning!
Mrs Wang
```

则程序运行后产生文件（如 d3. txt）的内容为

（1）Hi

（2）Hello How are you?

（3）

（4）

（5）

（6）good morning!

（7）Mrs Wang

实验 20 综合程序设计

【实验目的】

（1）通过该实验，培养学生综合应用知识的能力。

（2）学会编写结构清晰、风格良好、数据结构适当的 C 程序。

（3）熟练使用结构化程序设计的思想和方法。

【实验内容】

1. 小型文件管理系统

编写一个小型文件管理系统，实现以下功能。

（1）文件复制。

（2）文本文件显示。

（3）文件连接。

（4）文件内容比较。

（5）文件删除。

（6）[选做]文本文件字节数统计。

（7）[选做]文件更名等。

2. 学生成绩管理系统

现有学生成绩信息文件 1（stu1. txt），内容如下：

姓名	学号	语文	数学	英语
张明明	01	67	78	82
李成友	02	78	91	88
张辉灿	03	68	82	56
王　露	04	56	45	77
陈东明	05	67	38	47
⋮	⋮	⋮	⋮	⋮

学生成绩信息文件 2（stu22. txt），内容如下：

姓名	学号	语文	数学	英语
陈果	31	57	68	82
李华明	32	88	90	68
张明东	33	48	42	56
李明国	34	50	45	87
陈道亮	35	47	58	77
⋮	⋮	⋮	⋮	⋮

编写一学生成绩管理系统，实现以下功能。

（1）实现对两个文件数据进行合并，生成新文件 stu3. txt。

（2）抽取出三科成绩中有补考的学生并保存在一个新文件 stu4. txt 中。

（3）对合并后的文件 stu3. txt 中的数据按总分降序排序。

（4）输入一个学生姓名后，能查找到此学生的信息并输出结果（至少采用两种查找方法实现）。

提示：使用结构体、链表或数组等实现上述功能。

3. 通信录管理系统

设计一通信录管理系统，实现如下功能：

（1）能够显示所有的已录的通信录。

（2）能够实现新记录的录入。

（3）能够实现任何一条记录的删除。

（4）实现任意一条记录的修改。

（5）可以根据姓名、电话或地址查询相关信息

（6）系统的退出。

提示：通信录中的每个数据记录应包含以下内容：序号、姓名、电话、地址等内容。

4. 飞机订票系统

设计一个飞机订票系统，实现如下功能。

（1）录入：录入航班情况（数据可以存储在一个数据文件中，数据结构、具体数据自定）。

（2）查询：①查询某个航线的情况（如输入航班号、查询起降时间、起飞抵达城市、航班票价、票价折扣、确定航班是否满仓）；②可以输入起飞抵达城市，查询飞机航班情况。

（3）订票：实现客户订票，如果该航班已经无票，可以提供相关可选择航班（订票情况可以存在一个数据文件中，结构自己设定）。

（4）退票：实现客户退票，退票后修改相关数据文件。

（5）修改航班信息：当航班信息改变可以修改航班数据文件。

提示：根据以上功能说明，设计航班信息、订票信息、客户资料信息存储结构，如客户资料有姓名、证件号、订票数量及航班情况等。

5. 小型英汉电子词典

设计一个小型英汉电子词典系统，实现如下功能。

（1）根据输入的英语单词查找相关解释。

（2）添加或删除英语单词。

（3）修改英语单词的相关解释。

第3章　C语言程序设计学习指南

3.1　C语言程序设计概述

3.1.1　知识要点复习

1. 程序与程序设计语言

1）程序

程序是一个用计算机语言描述的，可以由计算机执行的某一问题的解决步骤。

2）计算机语言

计算机语言又叫程序设计语言，是人与计算机之间交流的工具，通过计算机语言实现人与计算机之间的沟通，使计算机能够按照语言的表达来办事、工作，如C语言、Foxpro、Basic、Java、汇编语言、机器语言等。

（1）机器语言与汇编语言：由计算机硬件系统可以识别的二进制指令组成的语言称为机器语言。汇编语言将机器指令映射为一些可以被人读懂的助记符，如ADD、SUB等。

（2）高级语言：屏蔽了机器的细节，提高了语言的抽象层次，程序中可以采用具有一定涵义的数据命名和容易理解的执行语句。

2. 算法的定义

算法是为解决某个特定问题而采取的确定且有限的步骤。算法不等于程序，可以被任何一种计算机高级语言转换成程序。

1）算法的特性

（1）有穷性：一个算法必须保证执行有限步之后结束。

（2）确定性：算法的每一个步骤必须具有确切的定义。

（3）有零个或多个输入：应对算法给出初始量。

（4）有一个或多个输出：算法具有一个或多个输出。

（5）有效性：算法的每一步都必须是计算机能进行的有效操作。

2）算法的描述方法

（1）自然语言。

（2）专用工具：借助于有关图形工具或代码符号来描述。常用的工具有流程图、N-S图等。

3. C程序的结构特点

（1）一个完整的C程序由若干个函数组成，函数是C语言的基本单位。一个完整的C程序有且仅有一个main函数，程序执行从main开始，到main结束。函数包括函数说明部分、函数体。

（2）语句必须以分号（;）作为结束标识。

（3）“/*　　*/”括起来的是注释，编译前C系统先去掉注释，然后再编译。ANSI C规定注释不允许嵌套。

（4）用预处理命令#include可以包含有关文件的信息。

（5）C语言区分大小写，如Main、MAIN、main、maiN是不相同的。

4. 标识符与关键字

1）标识符

标识符是用来标识变量名、符号常量名、函数名、类型名、文件名等的有效字符序列。标识符只能由字母、数字和下划线三种字符组成，且第一个字符必须为字母或下划线。在C语言中，大小写字母不等效。因此，a和A，I和i，Sum和sum，分别是两个不同的标识符。

2）关键字

关键字是C语言中规定具有特定含义的标识符，用户不能用来作为自定义标识符。由ANSI标准推荐的关键字有32个，常用的有char、int、float、double等。

5. C语言上机过程

C语言程序的上机过程如图3-1所示

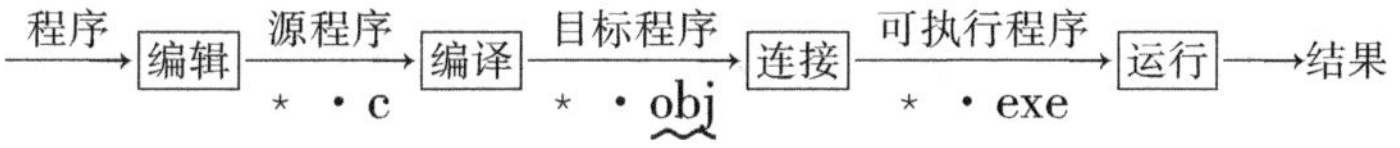

图3-1　C语言上机过程

【注意】编译只能发现语法错误，不能发现算法错误。

3.1.2　典型题例解析

一、选择题

1. 以下叙述不正确的是（　　）。

A. 一个C程序可以由一个或多个函数组成

B. C语言的基本组成单位是函数

C. 在C程序中，注释语句只能位于一条语句的后面

D. 一个C程序必须包含一个main函数

解析： C语言的源程序，是由若干个函数组成的，函数是C程序的基本组成单位，在这些函数中必须有一个并且只能有一个主函数（main函数）。在C程序中，注释可以插在任何可以插入空格的地方。

【答案】 C

2.（　　）是C语言提供的合法的数据类型保留字（或称关键字）。

A. Float　　B. unsigned　　C. integer　　D. Char

解析： 在选项C中所有的保留字必须都是小写的英文单词，故选项A、选项D不对。整数类型保留字是int、short或long，而integer是其他语言中的整型保留字，不是C语言中的整型保留字。

【答案】 B

3. 以下说法中正确的是（　　）。

A. C 语言程序总是从第一个定义的函数开始执行

B. 在 C 语言程序中，要调用的函数必须在 main（ ）函数中定义

C. C 语言程序总是从 main（ ）函数开始执行，到主函数结束

D. C 语言程序中的 main（ ）函数必须放在程序的开始部分

解析：C 语言程序是由一个主函数 main（）和若干个非主函数组成的。C 程序的执行总从主函数开始，并在主函数中结束，主函数的位置是任意的。

【答案】 C

4. 一个算法应该具备“确定性”等 5 个特征，下面对另外 4 个特征的描述中错误的是（　　）。

A. 有零个或多个输入　　B. 有穷性　　C. 可行性　　D. 有零个或多个输出

解析：一个算法应该具备的特征是有穷性、确定性、有零个或多个输入、有一个或多个输出及有效性（即可行性）。

【答案】 D

5. 以下说法中正确的是（　　）。

A. C 语言对注释的内容没有任何要求，只要求不是注释嵌套就可以

B. C 程序中所有被调用的函数，在调用之前一定要进行定义

C. 构成 C 程序的基本单位是函数，所有函数都可以由用户来命名

D. 同一个 C 程序中的函数之间可以相互调用

解析：C 语言的标准库函数，是由系统命名和定义的，用户可以直接调用；C 语言的主函数是由操作系统调用执行的，即主函数可以调用其他函数，而其他函数不能调用主函数。

【答案】 A

3.1.3　自测训练

一、选择题

1. 下列说法中错误的是（　　）。

A. 主函数可以分为两个部分：函数首部和函数体

B. 主函数可以调用任何非主函数的其他函数

C. 任何非主函数可以调用其他任何非主函数

D. 程序可以从任何非主函数开始执行

2. 以下叙述正确的是（　　）。

A. 在 C 程序中，main 函数必须位于程序的最前面

B. C 程序的每行中只能写一条语句

C. C 语言本身没有输入输出语句

D. 在对一个 C 程序进行编译的过程中，可以发现注释中的拼写错误

3. 下列叙述中正确的是（　　）。

A. C 语言的源程序不必通过编译就可直接执行

B. C 语言源程序经编译形成的二进制代码可以直接运行

C. C 语言中的函数不可以单独编译

D. C 语言中的每条可执行语句最终将被转换成二进制的机器指令

4. C 程序中，main ( ) 函数的位置（　　）。

A. 必须放在其他函数之前　　B. 必须在源程序的最后

C. 可以在程序的任何位置　　D. 包含文件中的第一个函数

5. C 语言中的标识符只能由字母、数字和下划线 3 种字符组成，且第一个字符（　）。

A. 必须为字母或下划线　　B. 必须为下划线

C. 必须为字母　　D. 可以是字母、数字和下划线中的任一种字符

6. 以下叙述正确的是（　　）。

A. C 语言中每一行只能写一个语句。

B. C 语言中没有输入输出语句，数据的输入输出使用函数完成

C. C 语言源程序经过编译就可以生成 exe 文件

D. C 语言中的每一条语句以换行符作为结束标识

7. 程序设计的步骤一般分为分析问题、构造模型、设计与描述算法、编写程序、调试程序和（　　）。

A. 数据设计　　B. 算法分析

C. 编制程序说明文档　　D. 编译

8. 下列语句或命令中，不符合 C 程序书写规则的是（　　）。

A. int a;　　B. a =5;　　C. int a、b;　　D. #inlcude " stdio. h"

二、填空题

1. C 语言的源程序文件的扩展名是____①____，经过编译连接后生成的可执行文件的扩展名是____②____。

2. 一个 C 程序由若干个函数组成，其中必须有一个____①____函数。

3. C 程序中的函数一般由两部分组成，它们是____①____和____②____。

4. C 程序从____①____函数开始执行，在____②____函数中结束。

5. 除编译预处理语句外，所有的 C 语句都必须以____①____表示结束。

3.2　C 语言的基本数据类型与表达式

3.2.1　知识要点复习

1. 数据类型概述

C 语言数据类型如图 3-2 所示。

- 数据类型
  - 基本类型
    - 字符型（char）
    - 整型（short，int，long，unsigned）
    - 实型
      - 单精度型（float）
      - 双精度型（double）
    - 枚举类型（enum）
  - 构造类型
    - 数组类型（[ ]）
    - 结构体类型（struct）
    - 共用体类型（union）
  - 指针类型（* ）
  - 空类型（void）

图 3-2　C 语言数据类型

2. 常量与变量

常量和变量都在内存中占有一定的存储空间。常量是指在程序运行中，其数值不能被改变的量。常量又可分为直接常量和符号常量。直接常量是在程序中直接引用的数据，C 语言中有整型常量、实型常量、字符常量和字符串常量 4 种。符号常量是用标识符来表示一个数据；程序不能给它赋值。变量是指以标识符为名字，其值可以改变的量。变量代表计算机内存中的某一存储空间，该存储单元中存放的数据称为该变量的值，这个存储单元的大小及每位的含义由变量的类型决定。在同一程序块中，变量不能被重复定义，使用变量时必须“先定义，后使用”。

1）常量

（1）整型常量。

①十进制形式：与数学上的整数表示相同。长整型常量在数后加 L。例如，12，－100，0，8350L。

②八进制形式：在数码前加数字 0。　例如：$012 = 1 * 8^1 + 2 * 8^0 = 10$（十进制）。

③十六进制形式：在数码前加 0X（数字 0 和字母 X）。例如：$0X12 = 1 * 16^1 + 2 * 16^0 = 18$（十进制）

（2）实型常量。

①十进制小数形式：由数字和小数点组成。　例如：3.4，4.，.3。

②指数形式：“十进制小数” ＋ “e（或 E）” ＋ “十进制数整数”。

例如：12.5e－6 表示 12.5×10^{-6}、1e－6 表示 1×10^{-6}。

（3）字符常量。

①普通字符：用单引号括起来的一个字符。例如：'A'、'1'、'?'等。

②转义字符：用单引号括起来的由反斜杠（\）引导的转义字符。转义字符功能描述见表 3-1。

表 3-1　转义字符功能描述表

字符形式	功能
'\n'	换行
'\t'	横向跳格
'\b'	退格
'\r'	回车

续表

字符形式	功能
'\\'	反斜杠字符
'\''	单引号字符
'\ddd'	8进制数表示的ASCII码对应的字符
'\xhh'	16进制数表示的ASCII码对应的字符
'\0'	表示内部值为0的字符，即空字符。用作字符串的结束标识。

（4）字符串常量。

字符串常量是用一对双引号括起来的字符序列。每个字符串的后面都有一个'\0'结束符。例如："SHANGHAI","AbcdeFGHijk","How are you"等。

2）变量

（1）整型变量

整型变量可分为基本型、短整型、长整型和无符号型。长整型是在整数的末尾加后缀字母“l”或“L”；无符号整数是在整数的末尾加后缀字母“u”或“U”；无符号长整型应加后缀字母“lu”或“LU”。

（2）实型变量

实型变量分为单精度实型和双精度实型，单精度实型float占4字节，双精度实型double占8字节。

3. 运算符与表达式

运算符是表示某种运算功能的符号。按操作功能运算符大致可分为算术运算符、关系运算符、逻辑运算符、赋值运算符、条件运算符、逗号运算符、自增和自减运算符以及位运算符等。

由运算符连接运算对象构成的式子可根据运算符的不同进行分类为算术表达式、赋值表达式、关系表达式、逻辑表达式、逗号表达式、条件表达式等。

1）算术运算符的优先级、结合性和算术表达式

（1）算术运算符：()、*、/、%、+、-。

（2）优先级由高到低：“()”→“*、/、%”→“+、-”，双引号内表示同级运算。

（3）算术运算符结合性：同级单目运算从右至左，同级双目运算从左至右。

（4）算术表达式：用算术运算符和括符将操作数连接起来的式子，操作数包括常量、变量和函数等。

（5）自增、自减运算符：自增、自减运算符为++和--。要注意++a和a++、--a和a--的区别。++a，a的值先增加1后再参与其他运算；a++，先参与其他运算后a的值再增加1；--a，a的值先减少1后再参与其他运算；a--，先参与其他运算后a的值再减少1。自增、自减运算符和其他运算符混合使用时，其结合性是“从右至左”。

2）赋值运算符和赋值表达式

（1）赋值运算符“=”的功能是把“=”右边的表达式的值，存入“=”左边的变量对应的存储空间，即给此变量赋值。

（2）赋值表达式是用赋值运算符将变量和表达式连接起来的式子，其形式为

<变量> = <表达式>

①x =（y = 12）/4　　y值为12，x值为3，表达式的值为3

②x = y = 12/4　　y 值为 3，x 值为 3，表达式的值为 3

③x = （y = 12/4）　　y 值为 3，x 值为 3，表达式的值为 3

④（x = y） = 12/4　　为错误赋值表达式

（3）复合赋值运算符：复合赋值运算符是一个运算符，功能上是两个运算符功能的组合。

* =、/ =、% =、+ =、- =　　与算术运算符结合

< < =、> > =　　与位运算符结合

& =、Λ =、| =　　与位逻辑运算符结合

例如：

a + = b　　相当于　　a = a + b

a* = b　　相当于　　a = a* b

a* = b + c　相当于　　a = a*（b + c）而不是 a = a* b + c

3）逗号运算符和逗号表达式

（1）逗号运算符为，。

（2）逗号表达式形式为表达式 1，表达式 2，…，表达式 n。

逗号表达式求值规则：从左至右依次计算各表达式的值，表达式的值为最后一个表达式的值。

4）sizeof 运算符

sizeof 运算符有两种用法：sizeof（表达式）或 sizeof（类型名）。

功能是返回给定类型或表达式（运算结果）的字节数。

5）条件运算符

条件运算符由“?”和“:”组成，其一般形式为

<表达式 1>?<表达式 2>:<表达式 3>求值规则：先求解表达式 1 的值，若为真（非 0），求解表达式 2，并把表达式 2 的值作为整个条件表达式的值，若为假（0），求解表达式 3，并把表达式 3 的值作为整个条件表达式的值。

4. 数据类型转换

1）类型自动转换

规则如图 3-3 所示。

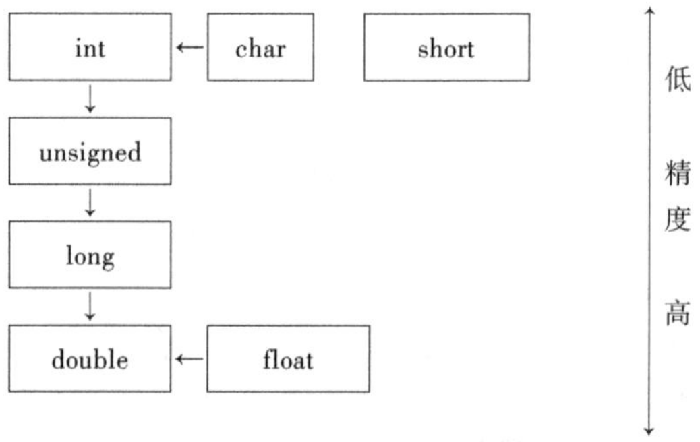

图 3-3　C 语言类型转换示意图

横向表示无条件的转换，如在计算前，char 型要先转换成 int 再参与计算。

竖向表示操作符两边的操作数属于不同类型时，精度低的向精度高的方向转换，然后再参与运算，运算结果为转换后的类型。

2）赋值转换

在赋值时，赋值号右边表达式的值的类型自动转换为其左边变量的类型。

3）强制类型转换

强制类型转换的一般形式为

（类型）表达式

强制类型转换时，得到所需类型的中间变量，原来变量的类型不会改变。

3.2.2　典型题例解析

一、选择题

1. 以下选项中属于合法的C语言长整型常量的是（　　）。

A. 5836253　　B. 0L　　C. 2E+10　　D. (long) 5834563

解析：长整型常量是在普通整型常数之后加后缀"L"或"l"所形成的整型常量，其表示范围在 $-2^{31}\sim2^{31}-1$。选项A无后缀"L"或"l"；选项C是浮点型常量；选项D是表达式，不是常量。

【答案】B

2. 设有定义：int a=12；，则表达式 a+=a-=a*a 运算后，a的值是（　　）。

A. 552　　B. 264　　C. 144　　D. -264

解析：本题考核的知识点为复合赋值运算符的使用。a+=a-=a*a 的运算步骤：a*a 的结果为144，a-=144 等价于 a=a-144，结果为 a=-132，a+=a 等价于 a=a+a，结果为-264。

【答案】D

3. 下面程序的输出结果是（　　）。

```
#include <stdio.h>
void main()
{int a=-1,b=4,k;
 k=(a++<=0)&&(!(b--<=0));
 printf("%d,%d,%d",k,a,b);
}
```

A. 0，0，3　　B. 0，1，2　　C. 1，0，3　　D. 1，1，2

解析：++和--运算符放在变量后时，先取变量的值，再使变量的值加1或减1，故 a++<=0 是先判断 a<=0，其值为真，再使a加1得0；由于表达式 a++<=0 的值为真，而表达式（a++<=0）和（!(b--<=0)）通过&&连接，所以，需要计算表达式（!(b--<=0)）。由于表达式 b<=0 的值为假，执行！运算后也为真。在处理该表达式时，使b的值减1得3。因此，最后k为1。

【答案】C

若将程序中语句 k=(a++<=0)&&(!(b--<=0))；改为 k=(a++<=0)||(!(b--<=0))；，则 printf("%d,%d,%d",k,a,b)；的结果应为1，0，4。

4. char s='\092'；的作用是（　　）。

A. 使s包含一个字符　　B. 说明不合法，s的值不定

C. 使 s 包含四个字符　　　　D. 使 s 包含三个字符

解析： 转义符'\ xxx'表示 1 ~3 位八进制数对应的字符，但八进制数中不能有大于 8 的数字，否则为非法说明。

【答案】 B

5. 下列语句中正确的语句是（　　）。

A. int x = y = z = 0;　　　　B. int z = （x + y） ++ ;

C. x + = 3 == 2;　　　　D. x% = 2.5;

解析： 在变量初始化时必须针对每个变量进行，即使有几个变量的初值相同也应如此，故选项 A 不对，正确的初始化应该是：int x = 0, y = 0, z = 0;。++ 运算符的运算对象必须是可寻址的，而 x + y 为表达式，是不可寻址的，故选项 B 不对。% 运算符要求运算对象必须是整数，而 2.5 是浮点数，故选项 D 不对。选项 C 相当于 x = x + （3 == 2），是正确的赋值语句。

【答案】 C

6. 下面程序段的输出结果是（　　）。

int x = 0xaffbc;　　printf（"%x", x）;

A. 赋值非法　　　　B. 输出值不确定

C. 输出值为 affb　　　　D. 输出值为 ffbc

解析： 由于十六进制数 oxaffbc 共有 20 位二进制数，而 x 在内存中只占 16 位。因此，在 C 语言中将会“截取”多余部分。即两个低字节的值被保留，而高字节的值丢失。此题中显然高位的 a 丢失，最后输出的是 ffbc。

【答案】 D

7. 对于条件表达式（M）?（a ++）:（a --）来说，其中的表达式 M 等价于（　）。

A. M == 0　　B. M == 1　　C. M! = 0　　D. M! = 1

解析： 条件表达式 e1? e2: e3 的含义是 e1 为真时，其值等于表达式 e2 的值，否则为表达 e3 的值。在 C 语言中“为真”与“不等于假”是逻辑等价的，即 M 等价于 M! = 0。

【答案】 C

8. 下列符合 C 语言语法的实数是（　　）。

A. 1.5e0.5　　B. 3.16e　　C. 5e - 10　　D. e + 8

解析： 在 C 语言中，实数的表示有小数形式和指数形式。其中指数形式为 Ae + B。在 C 语言中，e 之前必须有数字、e 之后的指数必须为整数。

【答案】 C

9. 下列语句中，最正确的赋值语句是（　　）。

A. A = 7 + b + c = a + 7;　　　　B. a = 7 + b ++ = a + 7;

C. a = 7 + b, b ++, a + 7;　　　　D. a = （7 + b, c = a + 7）;

解析： 赋值语句中，左边只能是变量名。选项 A 中的 7 + b + c、选项 B 中的 7 + b ++ 都是表达式，故是非法赋值。选项 C 是逗号表达式。D 选项赋值号的右边是一个逗号表达式。

【答案】 D

10. 与下列程序的输出结果等价的是（　　）。

```
#include <stdio.h>
```

```
void main()
{char a=3,b=6;
 char c=a^b<<2;
 printf(" \n%d",c);
}
```

A. 00010100　　B. 00011011　　C. 00011100　　D. 00011000

解析： << 运算优先于^运算，故 c = a^b << 2 等效于 a^ (b << 2)，其值为 3^ (6* 4) = $(00000011)_2$^ $(00011000)_2$ = $(00011011)_2$ = 27。

【答案】 B

3.2.3　自测训练

选择题

1. 如 a 为 int 型，则与表达式 a 等价的 C 语言关系表达式是（　　）。

A. a > 0　　B. a! = 0　　C. a == 0　　D. a < 0

2. 运行完下列程序后，在屏幕上的内容是（　　）。

```
void main ()
{int a=0;
 a+=(a=12);
 printf ("%d\n",a);
}
```

A. 0　　B. 6　　C. 12　　D. 24

3. 若 x，y 为实数类型的变量，要判断 x，y 相等，最好使用下列关系表达式（　　）。

A. x == y　　B. x - y == 0

C. fabs (x - y) < 1e - 8　　D. labs (x - y) < 1e - 8

4. 执行下面程序中输出语句后，a 的值是（　　）。

```
#include <stdio.h>
main( )
{  int a;
   printf("%d\n",(a=3* 5,a* 4,a));
}
```

A. 65　　B. 20　　C. 15　　D. 10

5. 若变量 t 为 double 类型，表达式（t = 1，t + 5，t）的值是（　　）。

A. 1　　B. 6.0　　C. 1.0　　D. 6

6. 下述程序的输出结果是（　　）。

```
#include <stdio.h>
void main()
{int a,b,c=241;
 a=c/100% 9;
 b= -1&& -1;
```

```
    printf("%d,%d\n",a,b);
   }
```

A. 2，0　　B. 2，1　　C. 6，1　　D. 0，-1

7. 设有C语句：int x=3，y=4，z=5;，则下面表达式中值为0的是（　　）。

A. x&&y　　B. x<=y

C. x||y+z&&y-z　　D. !((x<y)&&!z||1))

8. 位运算中，操作数每左移一位，在没有溢出的情况下其结果相当于（　　）。

A. 操作数乘以2　　B. 操作数除以2

C. 操作数除以4　　D. 操作数乘以4

9. 下面程序运行后，变量m的值为（　　）。

```
#include <stdio.h>
void main()
{int m,n,k;
 m=(n=4)+(k=10-7);
 printf("m=%d\n",m);
}
```

A. 4　　B. 3　　C. 7　　D. 14

10. 有定义int a=3，b=4，c=5;，执行完表达式a++>--b&&b++>c--&&++c后，a，b，c的值分别为（　　）。

A. 3　4　5　　B. 4　3　5　　C. 4　4　4　　D. 4　4　5

11. 在下列选项中，不正确的赋值语句是（　　）。

A. t/=5;　　B. n1=(n2=(n3=0));

C. k=i==j;　　D. a=b+c=1;

12. 在以下的四个运算符中，优先级最低的运算符是（　　）。

A. <=　　B. /　　C. !=　　D. &&

13. 设x，y分别为单精度和双精度类型变量，则下列选项（　　）可将表达式x+y的运算结果强制转换为整型数据。

A. (int) x+y　　B. int (x) +y　　C. int (x+y)　　D. (int) (x+y)

14. 执行下面C语言序列后，变量b的值是（　　）。

int　a，b，c；a=b=c=1；++a||++b&&++c;

A. 错误　　B. 0　　C. 2　　D. 1

15. 设有整型变量a，实型变量f，双精度型变量x，则表达式a+'b'+x*f值的类型为（　　）。

A. int　　B. float　　C. double　　D. 不能确定

16. C语言用（　　）表示逻辑真值。

A. true　　B. T　　C. 整型值0　　D. 非0整型值

17. 已知：int x=1，y=2，z=0;，则执行z=x>y?(10+x，10-x)：(20+y，20-y)后，z的值为（　　）。

A. 11　　B. 9　　C. 18　　D. 22

18. 若已定义 x 和 y 为 double 类型，则表达式 x = 2，y = x + 10/4 的值是（　　）。

A. 2　　B. 4　　C. 4.0　　D. 4.5

19. 设有定义 int m = 1，n = -1;，则执行语句 printf（"%d \ n"，（m -- && ++ n））；后的输出结果是（　　）。

A. -1　　B. 0　　C. 1　　D. 2

20. 假设有 int x = 11;，则表达式（x ++ * 1/3）的值是（　　）。

A. 3　　B. 12　　C. 11　　D. 0

21. 在 C 语言中，要求运算数必须是整型的运算符是（　　）。

A. /　　B. ++　　C. ! =　　D. %

22. 若程序中需要表示关系 x≥y≥z，应使用 C 语言表达式为（　　）。

A. （x > = y）&&（y > = z）　　B. （x > = y）and（y > = z）

C. （x > = y > = z）　　D. （x > = y）&（y > = z）

23. 若有 C 语句 int k = 5; float x = 1.2;，则表达式（int）（x + k）的值是（　　）。

A. 5　　B. 6.2　　C. 7　　D. 6

24. 在执行语句 if（（x = y = 2）> = x&&（x = 5））　y* = x; 后变量 x，y 的值应分别为（　　）。

A. 2、2　　B. 5、2　　C. 5、10　　D. 执行时报错

25. 下面程序的输出结果为（　　）。

```
#include <stdio.h>
void main()
{int x=1,y=1,z;
 z=1||++x&&y--;
 printf("\n%d,%d,%d",x,y,z);
}
```

A. 1，1，1　　B. 2，0，1　　C. 2，1，1　　D. 2，0，0

26. 设有 int　i = 3，j = 9;，则表达式 k = i ++ *　-- j 的值为（　　）。

A. 32　　B. 24　　C. 27　　D. 36

27. 表达式 k =（12 < 10）? 4：1? 2：3 的值为（　　）。

A. 1　　B. 2　　C. 3　　D. 4

28. 设有语句 int a = 3;，则执行语句 a + = a - = a* a 后，变量 a 的值是（　　）。

A. 3　　B. 0　　C. 9　　D. -12

29. 若有 float x = 2.5，y = 4.7; int a = 7;，则表达式 x + a%3*（int）（x + y）%2/4 的值为（　　）。

A. 4.0　　B. 3.0　　C. 2.75　　D. 2.5

30. 设有 int a = 3，b = 10，k = 0;，则表达式 k = a ++/ -- b 执行后，k 的值为(　　)。

A. 3　　B. 5　　C. 0.333333　　D. 0

31. 字符串"\101\102\x43\x44"的长度为（　　）。

A. 4　　B. 1　　C. 16　　D. 17

32. 已知：int x = 1，y = 2，z = 0;，则执行：z = x > y? 10：20，z 的值为（　　）。

A. 10　　B. 20　　C. 1　　D. 2

33. 表达式 11&10 的结果用二进制表达为（　　）。

A. 11　　B. 3　　C. 1　　D. 10

34. 执行下面的程序段后，b 的值为（　　）。

```
int  x=35;
char  z='A';
int  b;
b=((x&5)&&(z<'a'));
```

A. 0　　B. 1　　C. 2　　D. 3

35. 设有以下语句：int a=3，b=6，c;　c=a^b<<2;，执行后 c 的低 8 位二进制值是（　　）。

A. 00011011　　B. 00010100　　C. 00011100　　D. 00011000

3.3　顺序结构程序设计

3.3.1　知识要点复习

1. 程序的控制结构

程序设计语言有顺序、选择、循环三种基本的控制结构。

2. 语句

每条语句以分号“;”结束，分号是语句的标识。C 语言的语句可分为以下四类：简单语句（表达式语句、函数调用语句包括输入/输出函数、空语句）、复合语句、流程控制语句。单独的一个分号称为空语句。由｛｝括起来的若干语句构成一个复合语句。C 语言中复合语句的形式为

```
{
变量定义语句;
执行性语句;
}
```

复合语句和空语句在语法上都是一条语句。

3. 数据输入和输出

1）单个字符输入输出

int putchar（int ch）　　函数输出一个字符。

int getchar（void）　　函数通过键盘输入单个的字符。

2）格式化输入与输出函数

（1）int scanf（格式化控制字符，参数列表）;

功能：按指定格式从键盘读入数据，存入地址表指定的存储单元中，并按回车键结束。

返值：正常，返回输入数据个数。

（2）int printf（格式化控制字符，参数列表）;

功能：按指定格式向显示器输出数据。

返值：正常，返回输出字节数；出错，返回 EOF（－1）。

常用格式控制字符介绍：

%c　　输（入）出单个字符

%s　　输（入）出字符串

%d　　输（入）出 int 型

%u　　输（入）出无符号型整数

%ld　　输（入）出 long int 型

%f　　输（入）出 float 型

%lf　　输（入）出 double 型

%x　　以 16 进制形式输入和输出

%o　　以 8 进制形式输入和输出

3.3.2　典型题例解析

选择题

1. putchar 函数可以向终端输出一个（　　）。

A. 整型变量表达式的值　　B. 实型变量的值

C. 字符串　　D. 字符或字符型变量的值

解析：这是 putchar 函数的功能，只能输出一个字节的值。

【答案】 D

2. 以下能正确地定义变量 a，b 和 c 并为它们赋初值 5 的语句是（　　）。

A. int a=5，b=5，c=5;　　B. int a，b，c=5;

C. a=5，b=5，c=5;　　D. int a=b=c=5;

解析：选项 B 的 a，b 未赋值，选项 C 缺 int，选项 D 不能连续定义变量。

【答案】 A

3. 以下程序的输出结果是（　　）（注：备选答案中，－代表空格）

```
main()
{printf("\n * s1 =%15s* ","chinabeijing");
 prinf("\n * s2 =% -5s* ","chi");
}
```

A. * s1 = chinabeijing --- *
　* s2 = * * chi* ;

B. * s1 = chinabeijing --- *
　* s2 = chi -- *

C. s1 = * -- chinabeijing*
　* s2 = -- chi;

D. * s1 = --- chinabeijing*
　* s2 = chi -- * ;

解析：printf（"　\n * s1 =%15s* "，"　chinabeijing"）；语句中%15s 表示输出占 15 列，右对齐，左端补空格。prinf（"　\n * s2 =%-5s* "，"　chi"）；语句中% －5s 表示输出占 5 列，左对齐，右端补空格。

【答案】 D

4. 设有以下程序：

```
#include <stdio.h>
void main()
  {int  a=201,b=012;
   printf("% 2d, % 2d \n",a,b);
  }
```

A. 01，12　　B. 201，10　　C. 01，10　　D. 20，01

解析： a 是十进制数 201，b 是八进制数，把 a 按%2d 格式输出因给定宽度不够，按实际数大小输出而突破格式限定；b 是八进制数 012 即十进制数 10。

【答案】 B

5. 有定义语句 int a，b;，若要通过语句 scanf（"%d,%d"，&a，&b）；使变量 a 得到数值 6，变量 b 得到数值 5，下面输入形式中错误的是（　　）（注：备选答案中，－代表空格）。

A. 6，5<回车>　　B. 6，－－5<回车>　　C. 6　5<回车>　　D. 6，<回车>
5<回车>

解析： 此题是输入格式，输入 a，b 时以逗号隔开。

【答案】 C

3.3.3　自测训练

选择题

1. 已知'E'的 ASCII 码是 69，则执行下面 C 语句的结果是（　　）。

printf（"%c"，'D'－'8'+'5'）;

A. 66　　B. A　　C. B　　D. E

2. 下面程序的输出是（　　）。

```
#include <stdio.h>
void main()
{  int  x=10,y=3;
   printf("%d\n",y=x/ y);
}
```

A. 0　　B. 1　　C. 3　　D. 不确定的值

3. 运行完下列程序后，在屏幕上的内容是（　　）。

```
#include <stdio.h>
void main()
{  int a=0;
   a+ =a=12;
   printf("%d\n",a);
}
```

A. 0　　B. 6　　C. 12　　D. 24

4. 在 16 位系统中，执行下列语句序列后的输出结果为（　　）。

```
int x= -1;
```

```
printf("%d,%u,%o",x,x,x);
```

A. -1, 65535, 177777　　B. -1, -1, -1

C. -1, 32767, -177777　　D. -1, 32768, 177777

5. 语句 printf (" s = %-5.3s"," computer"); 的输出结果是（　　）。

A. s =　com　　B. s = com　　C. s = ter　　D. s = ter

6. 结构化程序的三种基本结构是（　　）

A. 顺序结构、选择结构、循环结构

B. 递归结构、循环结构、转移结构

C. 嵌套结构、递归结构、顺序结构

D. 循环结构、转移结构、顺序结构

7. 若有定义 double d, f; 数据的输入方式为 3.45 <CR> 1.2 <CR>，根据定义和数据的输入方式，输入函数调用语句的正确形式为（　　）

A. scanf ("%lf%lf", &d, &f);　　B. scanf ("%f%f", &d, &f);

C. scanf ("%3.2f%3.1f", &d, &f);　　D. scanf ("%3.2lf%3.1lf", &d, &f);

8. 以下程序的运行结果是（　　）

```
#include <stdio.h>
void main()
{int m=5,n=10;
 printf("%d,%d\n",m++, --n);
}
```

A. 5, 9　　B. 6, 9　　C. 5, 10　　D. 6, 10

9. 以下程序的运行结果是（　　）

```
#include <stdio.h>
void main()
{int x1=0xabc,x2=0xdef;
 x2 - =x1;
 printf("%x\n",x2);
}
```

A. ABC　　B. 0Xabc　　C. 0X333　　D. 333

10. 设有以下程序：

```
#include <stdio.h>
void main()
{char ch1='A',ch2='a';
 printf("%c\n",(ch1,ch2));
}
```

则以下叙述中正确的是（　　）。

A. 程序的输出结果为大写字母 A

B. 程序的输出结果为小写字母 a

C. 运行时产生错误信息

D. 格式说明符的个数少于输出项的个数，编译出错

3.4 选择结构程序设计

3.4.1 知识要点复习

1. 关系运算符与关系表达式

C 语言有 6 个关系运算符：

<、<=、>、>=（优先级高）

==、!=　　　　　（优先级低）

关系表达式是用关系运算符将表达式连接起来的式子。关系表达式的结果为“真”或“假”，分别用 1 和 0 来表示。

2. 逻辑运算符与逻辑表达式

C 语言有 6 个关系运算符：!（非）、&&（与）、||（或）。

优先级由左到右即从高到低。

逻辑表达式是用逻辑运算符将表达式连接起来的式子。

逻辑运算要求的运算量为“真”或“假”。运算结果也为真或假。逻辑运算在处理操作数时，原则是非 0 即真，0 即假。而对运算结果，真用 1 表示，假用 0 表示。

逻辑表达式求解时，并非所有的逻辑运算符都被执行，只是在必须执行下一个逻辑运算符才能求出表达式的解时，才执行该运算符。

例如：a&&b&&c //只在 a 为真时，才判别 b 的值；只在 a、b 都为真时，才判别 c 的值。例如：a||b||c　//只在 a 为假时，才判别 b 的值；只在 a、b 都为假时，才判别 c 的值。

3. 混合运算优先级

!

算术运算符

关系运算符

&& 和 ||

赋值运算符

从上到下为从高到低。

4. if 语句

1）if 语句的三种形式

（1）形式一

if（表达式）语句；

其功能：当表达式为真时，执行语句；为假时，什么都不做。

（2）形式二

if（表达式）语句 1；

```
else 语句 2;
```

其功能：当表达式为真时，执行语句 1；为假时，执行语句 2。

(3) 形式三

```
if (表达式 1) 语句 1;
else if (表达式 2) 语句 2;
    else if (表达式 3) 语句 3;
        …
            else if (表达式 n) 语句 n;
                else 语句 n+1;
```

其功能：当表达式 1 为真时，执行语句 1，语句终止；否则，当表达式 2 为真时，执行语句2，语句终止；否则，当表达式3 为真时，执行语句3，语句终止……否则，当表达式 n 为真时，执行语句 n，语句终止，否则执行语句 n+1。

2) 有关说明

(1) if 后面的表达式类型任意。

(2) 语句可以是复合语句。

(3) if ~ else 配对原则：else 总是和它上面离它最近的未配对的 if 配对。

5. switch 语句

1) 形式

```
switch(表达式)
{
  case  常量表达式 1:
        语句 1;
        break;
  case  常量表达式 2:
        语句 2;
        break;
…
  case  常量表达式 n:
        语句 n;
        break;
  default:
        语句 n+1;
}
```

2) switch 语句的执行过程

表达式的值为整型（或字符型），也可以是枚举型。常量表达式的值是对应的整型（或字符型），也可以是枚举型。break 语句的作用是跳出 switch 结构，可根据具体情况取舍。在执行时，先计算表达式的值，然后把该值与各个常量表达式的值比较，如有常量表达式的值与表达式的值匹配，就转去执行其下的语句，然后通过 break 跳出整个结构。如果没有常量表达式的值与表达式的值匹配，则执行 default 后的语句。default 部分可以不写。

3.4.2 典型题例解析

选择题

1. 若从键盘输入 89，则以下程序输出的结果是（　　）。

```
#include <stdio.h>
void main()
{  int a;
   scanf("%d ",&a);
   if(a>60)  printf("%d",a);
   if(a>70)  printf("%d",a);
   if(a>80)  printf("%d",a);
}
```

A. 89　　B. 8989　　C. 898989　　D. 无任何输出

解析：当输入 89 时，三个 if 后面括号中的表达式的值均为非 0，所以三个 if 语句都执行，故输出三个 89。

【答案】 C

2. 下列选项中说法正确的是（　　）。

```
#include <stdio.h>
void main()
{  int x,y;
   scanf("%d,%d",&x,&y);
   if(x>y)
     x=y;y=x;
   else
      x++;y++;
printf("%d,%d",x,y);
}
```

A. 有语法错误，不能通过编译

B. 若输入数据 3 和 4，则输出 4 和 5

C. 若输入数据 4 和 3，则输出 3 和 4

D. 若输入数据 4 和 3，则输出 4 和 4

解析：不管 if 语句中的条件为真为假，只能执行一个语句，若需执行多个语句，则应将多个语句写成复合语句。程序中的 x=y；y=x；应加上 {}。

【答案】 A

3. 下面程序的输出结果是（　　）。

```
#include <stdio.h>
void main( )
{  int x=100,a=10,b=20;
```

```
    int v1 =5,v2 =0;
    if (a<b)
    if (b! =15)
      if (! v1)
        x =1;
      else
 if (v2) x =10;
 x = -1;
 printf("%d",x);
 }
```

A. 100　　B. －1　　C. 1　　D. 10

解析：通过观察，语句 x = －1 不属于任何一个条件语句，故应无条件执行，前面的 if 语句对 x 的值产生的影响无效，x 的值最终总会是 －1。

【答案】B

4. 下列程序段中，正确的是（　　）。

A.
```
int x =0, y =10;
switch (x)
{case y: x ++; break;
 case y +2: x + =10; break;
 case y -1: x = -7; break;
}
```

B.
```
int x =0, y;
switch (x)
{case x >0: y =1; break;
 case x ==0: y =0; break;
 case x <0: y = -1; break;
}
```

C.
```
#define y  20
int x =10, z;
switch (x)
{case 12: z =3; break;
case y +1: x + =10; break;
 case y -8: y - =3; break;
}
```

D.
```
int x =0, y;
       switch (x)
 {case 3:
  case -1: y =2; break;
  case 2: break;
 }
```

解析：switch 语句中要求 case 后的表达式必须是常量或常量表达式，并且不能重复，而选项 A、选项 B 的 case 后的表达式中使用了关系、逻辑等变量表达式，因此，选项 A、选项 B 不正确。选项 C 中的 case 后虽然使用的都是常量表达式，但是 case 12 与 case y－8 的值均为 12，case 后的值发生重复，因此，选项 C 不正确。选项 D 虽无实际意义，但从语法角度看是正确的。

【答案】D

5. 下面程序的输出结果是（　　）。

```
#include <stdio.h>
void main()
{int x =1,a =0,b =0;
switch(x)
```

```
{ case 0: b ++;
 case 1: a ++;
 case 2: a ++;b ++;
}
  printf("a = %d,b = %d \n",a,b);
}
```

A. a = 2，b = 1　　B. a = 1，b = 1　　C. a = 1，b = 0　　D. a = 2，b = 2

解析：在本题中，由于变量 x 的初值为 1，所以，执行语句 “a ++;”，由于没有遇到 break 语句或右花括号，所以，并不退出 switch 语句，而是继续执行语句 “a ++; b ++;”，从而使得变量 a 的值为 2，变量 b 的值为 1。

【答案】A

6. 假定所有变量都已正确说明，以下程序段运行后正确的值是（　　）。

```
a = b = c = 0;
x = 35;
if(! a) x --;
else if(b);
if(c) x = 3;
else x = 4;
```

A. 34　　B. 4　　C. 35　　D. 3

解析：本题考核嵌套 if 语句。在本题中，因为变量 a 的初值为 0，所以，! a 的值为 1，从而执行 x -- 语句，另外，因为变量 c 的初值为 0，执行语句 x = 4，所以，变量 x 的值最终为 4。

【答案】B

7. 下面程序的输出结果是（　　）。

```
#include <stdio.h>
void main( )
{int x = 3,y = 0,z = 0;
 if(x = y + z) printf("* * * * ");
 else  printf("####");
}
```

A. 有语法错误不能编译通过　　B. 输出* * * *

C. 通过编译，但不能通过连接　　D. 输出####

解析：本题考核 if 语句。if 语句的表达式可以是赋值表达式，因为表达式 x = y + z 的值为 0，所以执行 else 后的语句。

【答案】D

8. 下面程序的输出结果是（　　）。

```
#include <stdio.h>
void main()
{  int n = 0,m = 1,x = 2;
```

```
    if(! n) x - =1;
    if(m)  x - =2;
    if(x)  x - =3;
    printf("%d",x);
}
```

A. -1　　B. -2　　C. -3　　D. -4

解析：本程序中有三个并列的 if 语句，应该依次执行每个 if 语句。执行第一个 if 语句时，由于！n 的值为非 0，则 x 的值变为 1。执行第二个 if 语句时，由于 m 的值为非 0，则 x 的值变为 -1。执行第三个 if 语句时，由于 x 的值为非 0，则 x 的值变为 -4。因此，该程序最后的值为 -4。

【答案】 D

9. 若 w =1，x =2，y =3，z =4，则条件表达式 w >x? w：y <z? y：z 的值是（　　）。

A. 4　　B. 3　　C. 2　　D. 1

解析：条件表达式的结合方向自右至左。

【答案】 B

10. 以下 if 语句正确的是（　　）。

A.
```
if (x >0)
printf ("% f", x)
else printf ("% f", -x);
```
B.
```
if (x >0)
   {x =x +y; printf ("% f", x);}
else printf ("% f", -x);
```
C.
```
if (x >0)
{x =x +y; printf ("% f", x);};
else printf ("% f", -x);
```
D.
```
if (x >0)
   {x =x +y; printf ("% f", x)}
else printf ("% f", -x);
```

解析：因选项 A 第 2 行少“;”；选项 C 第 2 行后多“;”使 else 不匹配；选项 D 第 2 行函数少“;”。

【答案】 B

3.4.3 自测训练

一、选择题

1. 判断 char 型变量 ch 是否为大写字母的正确表达式是（　　）。

A. `'A' < =ch < ='Z'`　　B. `(ch > ='A') & (ch < ='Z')`

C. `(ch > ='A') && (ch < ='Z')`　　D. `( 'A' < =ch) and ('Z' > =ch)`

2. 若有 int i =10;，则执行下面程序段后变量 i 的值是（　　）。

```
switch(i)
{  case  9:  i + =1;
   case  10:
   case  11:  i - =1;
   default: i + =1;
}
```

A. 10　　B. 11　　C. 12　　D. 9

3. 设有 int a = 0，b = 5，c = 2，x = 0;，下面可以执行到 x ++ 的语句是（　　）。

A. if（a）x ++ ;　　　　B. if（a = b）x ++ ;

C. if（a > = b）x ++ ;　　　　D. if（!（b - c））x ++ ;

4. 下面程序段中，与 if（x%2）中的 x%2 所表示条件等价的是（　　）。

```
scanf("%d",&x);
if(x% 2) x ++;
```

A. x%2 == 0　　B. x%2! = 1　　C. x%2! = 0　　D. x%2 == 1

5. 为了避免嵌套的条件语句 if ~ else 的二义性，C 语言规定：else 与（　　）配对。

A. 缩排位置相同的 if　　　　B. 其之前最近未被配对的 if

C. 其之后最近的 if　　　　D. 同一行上的 if

6. 下列程序的输出结果是（　　）。

```
main()
{int n =8;
 if(n <6) n =n +1;
 else   n =n +2;
 printf("%d",n);
}
```

A. 7　　B. 8　　C. 9　　D. 10

7. 下列程序的输出结果是（　　）。

```
#include < stdio.h >
void main()
{int a = -1,b =1,k;
if(( ++a <0)&&! (b -- < =0))
   printf("%d  %d\n",a,b);
else
   printf("%d  %d\n",b,a);
}
```

A. -1　1　　B. 0　1　　C. 1　0　　D. 0　0

8. 下列程序的输出结果是（　　）。

```
#include < stdio.h >
void main()
{int x =1,y =0,a =0,b =0;
 switch(x)
 { case 1:switch(y)
          { case 0:a ++;break;
           case 1:b ++;break;
          }
           case 2 : a ++;b ++;break ;
 }
```

```
printf("a = %d,b = %d \n",a,b);
}
```

A. a = 2，b = 1　　B. a = 1，b = 1　　C. a = 1，b = 0　　D. a = 2，b = 2

9. 在 C 语句中，紧跟在关键字 if 后一对圆括号里的表达式（　　）。

A. 只能用逻辑表达式　　B. 只能用关系表达式

C. 只能用逻辑表达式或关系表达式　　D. 可以是任意表达式

10. 下列程序的输出结果是（　　）

```
#include <stdio.h>
void main()
{int x =2,y = -1,z =2;
 if(x < y)
  if(y <0)  z =0;
  else z + =1;
 printf("%d \n",z);
}
```

A. 3　　B. 2　　C. 1　　D. 0

二、编程题

1. 编写一个程序，从键盘上输入 x 的值，计算下列公式的 y 值

$$y=\begin{cases}3x+1 & (x<0)\\ 2x & (0\leqslant x<5)\\ x+2 & (x\geqslant 5)\end{cases}$$

2. 编写一个程序，将 4 个从键盘输入的数按照从小到大的顺序输出。

3.5　循环结构程序设计

3.5.1　知识要点复习

循环就是不断重复。在程序执行过程中，根据某个条件为真，需要反复执行某个程序段（称为循环体），一直到该条件为假才结束。这样的结构称为循环结构。

1. while 语句

1）形式

while（表达式）

循环体语句

2）执行流程

（1）计算表达式；

（2）如果表达式的值为非 0 即真，执行循环体语句；

（3）返回第一步，重新计算表达式；

（4）如果表达式的值为 0 即假，则结束循环。如果表达式的值一开始就为 0，则循环体语

句一次也不会被执行。循环体语句一般情况下是复合语句。循环体语句有多个时，要加 {}。

2. do-while 语句

1）形式

do

    循环体语句

while（表达式）;

2）执行流程

（1）先无条件执行循环体语句；

（2）计算表达式；

（3）如果表达式的值为非 0 即真，返回第一步；

（4）如果表达式的值为 0 即假，则结束循环。循环体语句一般情况下是复合语句。

3. for 语句

1）形式

for（表达式 1；表达式 2；表达式 3）

    循环体语句

2）执行流程

（1）计算表达式 1，通常用于循环开始前设置变量初值；

（2）计算表达式 2，值为 0 则结束循环，否则执行第 3 步；

（3）执行循环体语句；

（4）计算表达式 3，返回第 2 步。

循环体语句一般情况下是复合语句。

4. break 语句

1）形式

break;

2）功能

把流程转向所在结构之后，在 switch 分支结构中，使用 break 语句可以使流程跳出 switch 分支结构。在循环结构中，使用 break 语句使流程跳出当前的循环层，转向执行该循环结构后面的语句。

5. continue 语句

1）形式

continue;

2）功能

在循环结构中执行 continue 语句，使本次循环提前结束，即跳过循环体中 continue 语句下面的尚未执行的循环体语句，但不结束整个循环，继续进行下一次循环的条件判别，条件为真，继续进行执行循环语句。该语句被称为继续语句。

6. 标号与 goto 语句

1）语句标号

在 C 语言中，一个合法的标识符后跟一个冒号，就构成语句标号。

2）goto 语句为无条件转向语句，goto 语句的形式

goto 语句标号；

3）功能

把程序的执行转向到语句标号的位置处。goto 语句不能跳出函数。goto 语句要限制使用。if 语句和 goto 语句结合使用，可以达到循环的目的。

结构化程序设计中限制使用 goto 语句。

3.5.2　典型题例解析

一、选择题

1. 以下说法正确的是（　　）。

A. C 语言中不能使用 do－while 语句构成的循环

B. do－while 语句构成的循环必须用 break 语句才能退出

C. do－while 语句构成的循环，当 while 后圆括号内的表达式值为非 0 时结束循环

D. do－while 语句构成的循环，当 while 后圆括号内的表达式值为 0 时结束循环

解析：本题考察知识点是 do－while 语句。do－while 语句和 while 语句都是当 while 后圆括号内的表达式值为 0 时结束循环。

【答案】D

2. 下列关于 for 语句的正确描述为（　　）。

A. for 语句只能用于循环次数已知的循环

B. for 语句是先执行循环体语句，再判断表达式

C. 在 for 语句中，不能用 break 语句跳出循环体

D. 在 for 语句的循环体中，可以包含多条语句，但必须用花括号括起来

解析：本题考察知识点是 for 语句。for 语句既可用在循环次数确定的情况，也可用在循环次数不确定的情况。for 语句先判断条件，后执行语句，并可使用 break 语句强行退出循环，其循环体可以是单条语句，也可以是多条语句，但必须用花括号括起来。

【答案】D

3. 以下程序中，while 语句的执行次数是（　　）。

```
#include <stdio.h>
void main()
{int a=0;
 while(a<10)
 {if(a<1)continue;
 if(a==5)break;
 a++;
 }
}
```

A. 1　　　　B. 10

C. 6　　　　D. 死循环，不能确定次数

解析：此题主要考察 continue 和 break 的使用，执行 continue 语句后，结束本次循环，

其后的语句不再执行，即循环控制变量 a 的值始终为 0。

【答案】D

4. 下面循环语句的循环次数是（　　）。

```
int  k=2;
while(k=0) printf("%d",k);
k--;printf("\n").
```

A. 无限次　　B. 0 次　　C. 1 次　　D. 2 次

解析：表达式 k=0 是赋值表达式，不论 k 为何值，表达式 k=0 使 k 为 0，且此表达式的值也为 0，不能进入循环。

【答案】B

5. 以下程序的输出结果是（　　）。

```
#include <stdio.h>
void main()
{int i=0,a=0;
 while(i<20)
 {for(;;) if((i% 10)==0) break; else i--;
   i+=11;  a+=i;
 }
 printf("%d",a);
}
```

A. 21　　B. 32　　C. 33　　D. 11

解析：该程序中 while 语句执行两次。执行第一次后 i=11，a=11；执行第二次后 i=21，a=32，跳出循环。

【答案】B

6. 以下程序的输出结果是（　　）。

```
#include <stdio.h>
void main()
{inty=10;
 for(;y>0;y--)
 if(y% 3==0){printf("%d",--y);  continue;  }
}
```

A. 741　　B. 852　　C. 963　　D. 875421

解析：本题考察的知识点是 for 语句。当 y 的值为 9，6，3 时，执行 if 语句，输出结果分别为 8，5，2。

【答案】B

7. 下面程序段的运行结果是（　　）。

```
int a=1,b=2,c=2,t;
while(a<b<c) {t=a;a=b;b=t;c--;}
printf("%d, %d , %d\n",a,b,c);
```

A. 1，2，0　　B. 2，1，0　　C. 1，2，1　　D. 2，1，1

解析：表达式 a<b<c 从左到右执行。循环两次结束，值为1，2，0。

【答案】A

8. 在下面程序中，判断 i>j 共执行了（　　）次。

```
#include <stdio.h>
void main()
{int i=0,j=10,k=2,s=0;
 for (;;)
 {i+=k;
   if (i>j)
   {printf("%d\n",s);
   break;
   }
   s+=i;
 }
}
```

A. 4　　B. 7　　C. 5　　D. 6

解析：本程序通过 i+=k 语句改变 i 的值，每改变一次，判断一次 i>j，i 值分别是2，4，6，8，10，12，在 i=12 时，判断 i>j 为真，程序输出 s 的值并通过 break 语句结束整个循环，共循环了6次。

【答案】D

9. 假定 a 和 b 为 int 型变量，则执行以下语句后 b 的值为（　　）。

```
a=1;b=10;
do{ b-=a;
    a++;
}while(b--<0);
```

A. 9　　B. −2　　C. −1　　D. 8

解析：b 的初值为10，执行循环体后，b 为9，a 为2，先判断 b<0 为假，退出循环，然后 b-- 使 b 为8。

【答案】D

10. 下面程序的输出结果是（　　）。

```
#include <stdio.h>
void main()
{int x=0,y=5,z=3;
 while(z-->0&&++x<5)
    y=y-1;
  printf("%d,%d,%d\n",x,y,z);
}
```

A. 3，2，0　　B. 3，2，−1　　C. 4，3，−1　　D. 5，−2，−5

解析：下表描述的是 x，y，z 的变化过程：

x 的值	y 的值	z 的值	z -- >0 && ++ x <5
0	5	3	3 >0 &&1 <5（真）
1	4	2	2 >0 &&2 <5（真）
2	3	1	1 >0 &&3 <5（真）
3	2	0	0 >0&& ++ x <5（假） （由于 0 >0 为假，则不再处理 ++ x <5）
		-1	

【答案】 B

二、填空题

1. 以下程序的功能：从键盘输入若干名学生的成绩，统计并输出最高成绩和最低成绩，当输入负数时结束输入，请填空。

```
#include <stdio.h>
void main()
{double x,max,min;
 scanf("% lf",&x);
 max=x;  min=x;
 while(x>0.0)
   { if(x>max)     max=x;
     if(____①____) min=x;
     scanf("% lf",&x);
   }
 printf("max=%f,min=%f \n",max,min);
}
```

解析：语句“if (x > max) max = x;”是使 max 存放当前最高成绩，同理，语句“if (____①____) min = x;”应使 min 存放当前最低成绩，所以应填入 min > = x。

【答案】 ① min > = x

2. fibonacci 数列中的头两个数是 1 和 1，从第三个数开始，每个数等于前两个数的和。下面程序是计算数列的前 20 个数，且每行输出 5 个数。请填空。

```
#include <stdio.h>
void main()
{ int f,f1=1,f2=1;
  int i;
  printf("%6d,%6d,",f1,f2);
  for (i=3;i<=20;i++)
   { f= ____①____;
```

```
        printf("%6d,",f);
        if (___②___)
        printf("\n");
      f1 = f2;
      ___③___;
     }
}
```

解析：根据题意，从第三个数开始应为前两个数之和，故①处应填：f1 + f2。题中规定每行输出5个数，故②处的条件表达式应填：i%5 ==0。为了继续计算，应将后一个数赋给前一个数，故③处应填：f2 = f。

【答案】 ①f1 + f2　　②i%5 ==0　　③f2 = f

3. 下面程序段统计从键盘输入的字符中数字字符的个数，换行符结束，请填空。

```
int n =0, c;
c = getchar ( );
while (___①___)
{if (___②___) n ++ ;
 c = getchar ( );
}
```

解析：该程序以换行符结束结束，故①处应填：c!='\n'。该程序统计数字字符个数，②处应填：c > ='0'&&c < ='9'。

【答案】 ① c!= '\ n'　　②c > ='0'&&c < ='9'

4. 下面程序的功能：计算1 -3 +5 -7 + … -99 +101的值，请填空。

```
#include <stdio.h>
void main()
{int i,t = -1,s =0;
  for(i =1;i < =101;i + =2)
  {___①___;
   s = s + ___②___ ;
  }
printf("%d\n",s);
}
```

解析：该程序是累加求和，s用来存放整个表达式的和，t表示每一项的符号，第1项符号为 +1，因此①处应填：t = -t。②处应填：t* i。

【答案】 ① t = -t　　②t* i

5. 下面程序的功能：根据公式 $e \approx 1 + \frac{1}{1!} + \frac{1}{2!} + \frac{1}{3!} + \cdots + \frac{1}{n!}$ 求e的近似值，精度要求到 10^{-6}，请填空。

```
#include <stdio.h>
```

```
void main()
{long i;
 double e,t;
 ____①____;
 t=1.0;
  for(i=1;____②____;i++)
    {t/=(double)i;  e+=t; }
 printf("e=%f\n",e);
}
```

解析：该程序是累加求和，e 用来存放整个表达式的和，t 表示每一项，①处是赋初值，应填：e=1.0。②处应填循环条件，该题是根据精度来控制循环，故应填：t>=1e-6。

【答案】① e=1.0　　② t>=1e-6

三、读程序写结果题

1. 下面程序的输出结果是（　　）。

```
#include <stdio.h>
void main()
{int a,b;
 for(a=1,b=1;a<=100;a++)
 {if(b>=20) break;
 if(b%3==1)
  { b+=3;
   continue;
  }
 b-=5;
 }
 printf("%d",a);
}
```

解析：b 的初值为 1，b%3==1 为真，执行 b+=3，使 b 为 4，继续循环，b%3==1 又为真，执行 b+=3 后再次循环又计算 b+=3。可见程序只是作 b+=3 的累加和 a++ 操作，直到 b>=20 为止。经过 7 次 b+=3 操作后使 b 为 22，此时 a 为 8，再判断 b>=20 为真，循环通过 break 语句终止。最后输出 a 的值为 8。

【答案】8

2. 下面程序的输出结果是（　　）。

```
#include <stdio.h>
void main()
{int s=0,k;
for(k=7;k>4;k--)
  {  switch(k)
```

```
    {case 1:
     case 4:
     case 7:s ++;  break;
     case 2:
     case 3:
     case 6:break;
     case 0:
     case 5:s + =2; break;
    }
  }
  printf("s = %d",s);
}
```

解析：从 for 语句可以看出，循环只执行了 3 次，即 k = 7，k = 6 和 k = 5，当 k = 7 时执行 s ++，使 s = 1，并结束 switch 语句；当 k = 6 时直接执行 break 语句结束 switch 语句；当 k = 5 时执行 s + = 2，使 s = 3 并结束 switch 语句。所以执行 printf 时输出为 s = 3。

【答案】 s = 3

3. 下面程序的输出结果是（　　）。

```
#include  < stdio. h >
void main()
{int m,i;
 for(m = 1,i = 6;i > = 0;i --)
     m*  = i;
 printf("%d",m);
}
```

解析：本程序主要考查读者对循环结构的执行过程的理解。从 for（m = 1，i = 6；i > = 0；i --）m* = i；看出，m 用来存放若干个数的积。表面上看，m 的值应该是 720（6!），但 i 的值是从 6 取到 0，因此该程序的结果应该是 0。

【答案】 0

3.5.3　自测训练

一、选择题

1. 循环语句 for（a = 0，b = 0；（b! = 45）||（a < 5）；a ++）；的循环次数是(　　)。

A. 4　　B. 3　　C. 5　　D. 无数多次

2. 以下程序的输出结果为（　　）。

```
#include < stdio. h >
void main()
{int i = 0;
```

```
  for(;;)
     if(i ++ ==5)
       break;
  printf("%d\n",i);
 }
```

A. 0　　B. 5　　C. 6　　D. 前 3 个选项都错

3. 以下程序的输出结果为（　　）。

```
#include <stdio.h>
void main()
{int x,n;
  for(n =10,x =0;n =0;x ++,n --)
     ;
  printf("%d\n",x);
}
```

A. 程序无限循环无输出　　B. 10

C. 1　　D. 0

4. 若 N 为整型变量，则 for（N = 10；N = 0；N --）；循环里的循环体被（　　）。

A. 无限循环　　B. 执行 10 次　　C. 执行一次　　D. 一次也不执行

5. 以下不是死循环的语句是（　　）。

A. for（;; x + =i）;

B. while（1）{x ++ ;}

C. for（i = 10;; i --）sum - =i;

D. for（;（c = getchar（））! = '\ n';）sum - =i;

6. int x = 3；执行下面的情况段后输出结果为（　　）。

```
do{
    printf("%d",x - =2);
  }while(! (--x));
```

A. 1　　B. 30　　C. 1 -2　　D. 死循环

7. 若想结束本次循环而不是终止整个循环的执行，则使用（　　）。

A. exit（0）　　B. goto　　C. break　　D. continue

8. for（;;）{……} 是指（　　）。

A. 无意义　　B. 无限循环

C. 循环执行 1 次　　D. 循环执行 0 次

9. C 语言中 while 与 do - while 语句的主要区别是（　　）。

A. do-while 的循环体至少无条件执行一次

B. do-while 允许从外部转到循环体内

C. do-while 的循环体不能是复合语句

D. while 的循环控制条件比 do - while 的循环控制条件严格

10. 下列程序运行结果（　　）。

```
#include < stdio. h >
void main ()
{int i =0,sum =1;
 do{ sum + =i ++;  }while (i <6);
 printf ("%d \n",sum);
}
```

A. 15　　B. 16　　C. 17　　D. 18

11. 下列程序的输出结果是（　　）。

```
#include  < stdio. h >
void main ()
{int k =4,n =0;
 for (;n < k;)
 {n ++;
  if (n% 3 ! =0) continue;
  k --;
 }
printf ("%d,%d \n",k,n);
}
```

A. 1，1　　B. 2，2　　C. 3，3　　D. 4，4

12. 下列程序的输出结果是（　　）。

```
#include < stdio. h >
void main ()
{
  int u =24,v =16,w;
  while (v)
  {w =u% v;   u =v;   v =w; }
  printf ("%d \n",u);
}
```

A. 7　　B. 8　　C. 9　　D. 10

13. 下面程序的功能是（　　）。

```
#include < stdio. h >
void main ()
{int j,sum;
  for (sum =0,j =1;j <10;j + =2)  sum + =j +1;
}
```

A. 1 ~9 的累加和　　B. 1 ~10 中的偶数之和

C. 1 ~9 中的奇数之和　　D. 1 ~10 的累加和死循环

14. 下列程序的输出结果是（　　）。

```
#include <stdio.h>
void main()
{int i,j,x=0;
 for(i=0;i<2;i++)
 {x++;
   for(j=0;j<=3;j++)
   {if(j%2)continue;
    x++;
   }
    x++;
 }
printf("x=%d\n",x);
}
```

A. x=4　　B. x=8　　C. x=6　　D. x=12

二、填空题

1. 下面程序的功能：从键盘上输入一行字符，将其中的小写字母转换为大写字母后输出。请填空完善程序。

```
#include <stdio.h>
void main()
{char c;
 while((c=____①____)!='\n')
    if(c>='a'&&c<='z')
      printf("%c",c-32);
}
```

2. 下面程序的功能：从键盘上输入若干个学生的成绩（用负数结束输入过程），统计计算出平均成绩。请填空完成程序。

```
#include <stdio.h>
void main()
{float sum=0.0,ave,a;
 int n=0;
 printf("Enter mark\n");
 scanf("%f",&a);
 while(a>=0.0)
  {sum=sum+a;
   ______①______;
   scanf("%f",&a);
  }
 ave=sum/n;
```

```
  printf("ave=%f\n",ave);
}
```

3. 程序的功能：统计输入字符串中小写字母的个数。

```
#include <stdio.h>
void main()
{char c;
 int num=0;
 while((c=getchar())!=____①____)
   {if(c<'a'||c>'z')
      continue;
   ____②____
   }
 printf("%d\n",num);
}
```

4. 下面程序实现计算 1+（1+2）+（1+2+3）+…+（1+2+3+…+10）。请填空完善程序。

```
#include <stdio.h>
void main()
{int total,sum,m,n;
 total=0;
 for(m=1;m<=10;m++)
  {sum=0;
   for(n=1; ____①____;n++)
    sum=sum+n;
 ____②____ ;
  }
 printf("total=%d\n",total);
}
```

5. 下面程序的功能：打印出整数 1 ~ 1000 中满足条件：“各位数字的立方和等于其本身”的所有数。请填空完成程序。

```
#include <stdio.h>
void main()
{int n,i,g;
 for(i=1;i<1000;i++)
  {g=____①____ ;
   if( ____②____ )
     printf("%4d",i);
  }
 printf("\n");
}
```

6. 设 i，j，k 均为 int 型变量，则执行完下面的 for 循环后，k 的值为_____①_____。

```
for(i=0,j=10;i<=j;i++,j--)
    k=i+j;
```

7. 以下程序实现输出 3 ~ 1000 所有素数的功能。请填空完成程序。

```
#include <stdio.h>
void main()
{int i,j;
 for(i=3;i<=1000;i++)
  {for(j=2;j<=i-1;j++)
    if( ______①______ )
      break;
   if(j==i)
      printf("% 5d",i);
  }
 printf("\n");
}
```

8. 以下程序的功能：求 a，b 两个整数的最大公约数。请完善程序。

```
#include <stdio.h>
void main()
{int a=12,b=8,t;
 while(______①______)
  {t=a% b;
   a=b;
   b=t;
  }
 printf("%3d",a);
}
```

9. 下列程序的功能：输入一个正整数是否是素数。若是素数输出 1；否则输出 0。请完善程序。

```
#include <stdio.h>
void main()
{int x,i,______①______;
 scanf("%d",&x);
 for(i=2;i<=x/2;i++)
    if(______②______){y=0; break;}
 printf("%d\n",y);
}
```

10. 鸡兔共有 30 只，脚共有 90 只，下面的程序是计算鸡兔各有多少只。请完善程序。

```
#include <stdio.h>
void main()
{int x,y;
 for(x=0;x<=30;x++)
  {y=30-x;
   if(_____①_____)printf("%d,%d\n",x,y)
  }
}
```

三、读程序写结果题

1. 写出下面程序的运行结果（　　）。

```
#include <stdio.h>
void main()
{int a,b;
 for(a=1,b=1;a<=100;a++)
 {if(b>=20)
     break;
  if(b%3==1)
     b+=3;
  continue;
 }
 b-=5;
 printf("%d,%d\n",a,b);
}
```

2. 在下列程序中，若输入为 3275 <CR>，则输出结果是（　　）。

```
#include <stdio.h>
void main()
{int x,y,t;
 scanf("%d",&x);
 x=(x>=0? x:-x);
 y=0;
 while(x)
  {t=x%10;
   x=x/10;
   y=y*10+t;
  }
 printf("the result id %d",y);
}
```

3. 写出下面程序的运行结果（　　）。

```
#include <stdio.h>
void main()
{int a=0,i,j;
 for(i=0;i<2;i++)
 {for(j=0;j<4;j++)
    {if(j%2) break;
      a++;
    }
    a++;
 }
 printf("%d\n",a);
}
```

四、编程题

1. 已知两个3位数abc和cba之和为1333（即abc + cba = 1333），编程序求出3个数字a、b和c。

2. 若一个数出现在自己平方数的右边，则称该数为同构数。例如，因有5* 5 =25，25* 25 =625，所以5和25都是同构数；请编制程序找出1～100的全部同构数。

3. 编程序实现功能：一个正整数与3的和是5的倍数，与3的差是6的倍数，求出符合此条件的最小正整数。

4. 编程序实现功能：求出所有三位数的正整数中，各位数字的立方和等于1099的数。

5. 编写程序计算100～1000有多少个数其各位数字之和是5。例如，122，131是满足要求的数的两个例子。

3.6　函数与编译预处理

3.6.1　知识要点复习

1. 模块化程序设计

1）基本思想

将一个大的程序按功能分割成一些小模块。

2）特点

（1）各模块相对独立、功能单一、结构清晰、接口简单；

（2）控制了程序设计的复杂性；

（3）提高元件的可靠性；

（4）缩短开发周期；

（5）避免程序开发的重复劳动；

（6）易于维护和功能扩充。

3）开发方法

自上向下，逐步分解，分而治之。

2. 函数定义与调用

1）函数定义

函数类型 函数名（形参类型说明表）

```
{说明部分
 语句部分
}
```

说明：

函数包括函数头和函数体两部分。

函数头包括函数的返回类型、函数名、函数参数及其类型等。如果函数的返回类型用void表示，表示该函数没有返回值；如果函数类型省略，默认返回整型。函数的参数可以没有。如果在函数的参数部分写void，也表示该函数没有参数。说明部分和语句部分称为函数体，其结构等同于一个复合语句。

（1）空函数

函数体为空的函数叫空函数。例如：dummy（）{}。

在软件的开发过程中，空函数起占位置的作用，可以保持软件结构完整性。

（2）主函数

在一个C程序中，有且仅有一个主函数，它的名字是main（）。main（）是程序的执行起点。主函数中可以通过调用其他函数来展开程序的执行。

2）函数中的return语句

（1）形式

return（表达式）；

或 return 表达式；

或 return；

（2）功能

使程序控制从被调用函数返回到调用函数中，同时把返值带给调用函数。

（3）说明

①函数中可有多个return语句；

②若无return语句，遇}时，自动返回调用函数；

③若函数类型与return语句中表达式值的类型不一致，以前者为准，自动转换；

④void型函数，即函数不返回任何数据。

3）函数调用

（1）调用形式

①有参数的调用形式：

函数名（实参表）；

②无参数的调用形式：

函数名（ ）；

说明：①实参与形参个数相等，类型一致，按顺序一一对应；②实参表求值顺序，因系统而定（Turbo C 自右向左）。

（2）调用方法

①函数语句。

printstar（）；printf（" Hello，World！ \ n"）；

②函数表达式。

m = max（a，b）* 2；

③函数参数。

printf（"%d"，max（a，b））；　m = max（a，max（b，c））；

（3）函数声明

如果函数定义在后，使用在前，需要在调用前对函数加以说明。一般形式：

函数类型　函数名（形参类型说明表）；

或

函数类型　函数名（）；

其作用是告诉编译系统函数类型、参数个数及类型，以便检验。

在声明时，参数表中的可只写类型，省略形参数名。

（4）嵌套调用

C 规定：函数定义不可嵌套，但可以嵌套调用函数，如图 3-4 所示。

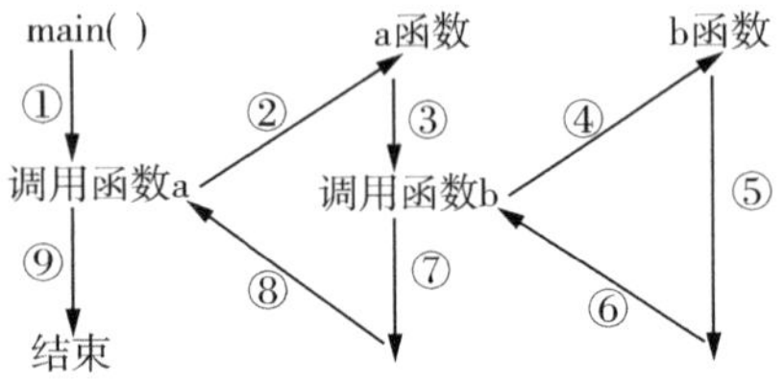

图 3-4　函数的嵌套调用

4）函数参数及其传递方式

（1）函数参数

形式参数：定义函数时函数名后面括号中的变量名。

实际参数：调用函数时函数名后面括号中的表达式。

说明：

①实参必须有确定的值。②形参必须指定类型。③形参与实参类型一致，个数相同。④若形参与实参类型不一致，自动按形参类型转换。⑤形参在函数被调用前不占内存；函数调用时为形参分配内存；调用结束，内存释放。

（2）函数参数传递方式

①值传递方式。

方式：函数调用时，为形参分配单元，并将实参的值复制到形参中；调用结束，形参单元被释放，实参单元仍保留并维持原值。

特点：形参与实参占用不同的内存单元；单向传递。

②地址传递。

方式：函数调用时，将数据的存储地址作为参数传递给形参。

特点：形参与实参占用同样的存储单元；“双向”传递；实参和形参必须是地址常量或变量。

3. 函数的递归调用

函数直接或间接地调用自身叫函数的递归调用。递归过程中需要注意递归计算公式和递归终止条件。

4. 变量的作用域与存储方式

1）变量的作用域

变量的作用域即变量的有效范围，分为全局变量和局部变量。

（1）局部变量

局部变量又称内部变量，在函数内定义，只在本函数内有效。

说明：

①main 中定义的变量只在 main 中有效。②不同函数中同名变量，占不同内存单元。③形参属于局部变量。④可定义在复合语句中的有效变量。⑤局部变量可用存储类型：auto、register、static，默认为 auto。

（2）全局变量

全局变量又称外部变量，在函数外定义，可为本文件所有函数共用。其有效范围是从定义变量的位置开始到本源文件结束，及有 extern（外部变量）说明的其他源文件。

外部变量说明的一般形式：

extern 数据类型　　变量表；

①若外部变量与局部变量同名，则外部变量被屏蔽。

②外部变量可用存储类型：缺省或 static。

2）变量的存储类型

（1）自动变量：用 auto 修饰，函数中定义的变量默认都是自动变量。自动变量的作用范围仅限于定义它的符合语句内部。自动变量的空间是在运行时分配的，它的生存期从它定义的位置开始产生，离开定义它的复合语句被撤销。

（2）寄存器变量：用 register 修饰，它也定义在函数内部，register 修饰符建议编译程序把变量分配在寄存器中（一般只有极少数的寄存器可供分配给寄存器变量，多余的 register 修饰的变量被作为自动变量）。一般把循环控制变量定义为寄存器变量。不能对寄存器变量取地址。

（3）静态变量：用 static 修饰，先讨论定义在函数内的静态变量。这种变量也称内部静态变量。静态变量的空间是在编译时分配的，它随着程序的执行而产生，随着程序的结束而释放。静态变量具有全局的生存期。但静态变量的作用范围仅限于定义它的复合语句内部。

（4）外部变量：定义在函数之外的变量称为外部变量（定义时不需要用 extern 修饰符）。外部变量在有些教科书上也称为全局变量。外部变量的空间是在编译时分配的，它的生存期是整个程序运行期间，外部变量的作用范围是全局性的。

在引用外部变量时，在本文件中，如果外部变量使用在前，定义在后，可以用 extern 修饰符说明一下该外部变量。在其他文件中，引用该外部变量前也需要用 extern 修饰符说明该外部变量。这样的说明表示该变量是一个定义在别处的外部变量，它已经在定义时分配了空间。外部变量的定义只能出现一次，定义变量就是对该变量分配存储空间，而外部变量的说明可以出现若干次。

可以用 static 修饰定义在函数之外的变量称为静态外部变量。静态外部变量只能在本文件中被引用。

C 语言中每一个变量有两个属性，数据类型和存储特性，完整的变量定义形式为

【存储特性】　【数据类型】　变量名;

5. 编译预处理

编译预处理就是在编译之前对 C 源程序进行的文本级的加工和处理。

以#打头的命令属于编译预处理命令。编译预处理命令只能写在一行。一行写不下可以用续行符\ 。

1）文件包含

文件包含有两种形式:

```
#include <文件名>    //直接从系统标准头文件目录中去寻找。
#include "文件名"    //先在当前目录下寻找,找不到再到系统指定目录下寻找。
```

一般对系统标准头文件采用< >的形式，对用户自定义文件采用" " 的形式。预处理程序遇到#include 命令后，会按要求去搜寻对应的文件，并把该文件的内容放在#include 命令所在处。

2）宏定义

宏定义必须写在一行，分 3 部分。#define 是第一部分。宏名（包括参数表）是第二部分，剩下的都属于第三部分。定义了宏定义后，在写程序时，可以用第二部分来代替第三部分，用来简化书写等。

（1）无参数宏的定义如下:

```
#define   宏名     字符序列
```

对无参宏，预处理程序直接用字符序列去替换程序中的宏名。

（2）带参宏定义如下:

```
#define    宏名(参数表)     包含参数的字符序列
```

对带参宏，在预处理过程中，遇到宏名后，把实际参数代换字符序列中的形式参数，用代换后的字符序列去替换宏名和括号中的参数。宏定义可以嵌套。后面的宏定义可以使用前面已经定义的宏定义。

（3）条件编译就是根据一定的条件判断是否编译相关代码段。

3.6.2　典型题例解析

一、选择题

1. 函数调用语句：func（（x1，x2），（x3，x4，x5））；含有的实参个数是（　　）。

A. 1　　B. 2　　C. 4　　D. 5

解析：（x1，x2）与（x3，x4，x5）为逗号表达式，各算一个参数。

【答案】 B

2. 以下说法不正确的是（　　）。

A. 不同函数可以使用同名变量

B. 函数内定义的变量只在本函数内有效

C. 形式参数是局部变量

D. 复合语句中定义的变量在本函数范围内有效

解析：复合语句中定义的变量只在本复合语句范围内有效。

【答案】D

3. 在 C 语言中，哪种存储类型在使用它们时才分配存储空间（　　）。

A. static　　B. auto　　C. int　　D. extern

解析：auto 关键字只能出现在复合语句或函数内，此类变量也只能在定义它的函数内存取，只有该函数被调用时才给他们分配存储空间，从函数返回时收回存储空间。而 extern 和 static 类型的变量的初始化和空间分配由编译系统确定，占用空间是永久性的。而 int 关键字不是存储类型的关键字。

【答案】B

4. 下面程序的输出结果是（　　）。

```
#include <stdio.h>
void main()
{int  fun(int a);
 int a=2,j;
 for(j=0;j<3;j++)
    printf("%d",fun(a));
}
int fun(int a)
{int b=0;
 static int c=3;
 b++;  c++;
 return a+b+c;
}
```

A. 7　7　7　　B. 7　8　9　　C. 7　9　11　　D. 7　10　13

解析：本题考核自动变量与静态变量的区别。由于静态变量由系统自动初始化为 0，初始化仅在编译时处理一次并永久地占用空间，而它们的值不论使用与否一直存在。自动变量是动态内存分配，每次重新赋初值。本题各次循环时除 a=2 外各变量的取值如下表所示。

第几次循环	调用时初值		调用结束时的值		
	b	c	b	c	a+b+c
第 1 次循环	0	3	1	4	7
第 2 次循环	0	4	1	5	8
第 3 次循环	0	5	1	6	9

【答案】B

5. 下面程序的输出结果是（　　）。

```
#include <stdio.h>
long fun(int n)
{long s;
```

```
  if (n ==1 ||n ==2)
     s =2;
  else
     s =n +fun(n -1);
  return s;
 }
 void main()
 {printf("\n% ld",fun(4));}
```

A. 8　　B. 9　　C. 10　　D. 11

解析：fun 为一递归函数，程序在 n = 1 或 n = 2 时不再递归，否则一直执行 s = n + fun（n - 1）的操作。展开此求和公式，有 s =4 + fun（3） =4 +3 + fun（2） =4 +3 +2 =9。

【答案】B

6. 在 C 语言中，若对函数类型未加显式说明，则函数的隐含类型是（　　）。

A. void　　B. double　　C. int　　D. char

解析：C 语言中的未加显式说明的函数意味着是整型函数，与使用 int 为类型说明是一样的。但对那些不返回任何值的函数最好能说明其类型为 void 而不要省略，这样可以加强编译能力。

【答案】C

7. 若程序中定义了如下函数：

```
 float  fun(float a,float b)
   {return(a +b);  }
```

在下列选项中，错误的函数声明形式是（　　）。

A. float　fun（float a，float b）；　　B. float　fun（float ，float ）；

C. float　fun（float x，float y）；　　D. float　fun（float a，b）；

解析：在 C 语言中，当被调用的函数在调用函数之后时，一般应在调用函数中对被调用的函数进行原型声明，其格式为：“函数的原型”。

【答案】D

8. 下面程序的输出结果是（　　）。

```
 #include <stdio.h>
 void f(int x,int y)
 { int temp;
  temp =x; x =y; y =temp;
 }
 void main()
 {int x =1,y =3,z =2;
  if(x >y)   f(x,y);
  else if(y >z)  f(y,z);
     else   f(x,z);
```

```
        printf("%d,%d,%d\n",x,y,z);
    }
```

A. 1，2，3　　B. 3，1，2　　C. 2，3，1　　D. 1，3，2

解析：C语言规定，实在参数对形式参数的数据传递是“值传递”，函数f中的形参x，y互换值不影响实参的值。

【答案】 D

二、填空题

1. 以下函数fun的功能：统计用数字0～9可以组成多少个位值相同的3位偶数。请填空。

```
#include <stdio.h>
void fun()
  {int n=0,i,j,k;
for(i=1;i<=9;i++)
        for(k=0;k<=8;k=____①____)
           for(j=0;j<=9;j++)
  if(____②____)n++;
return n;
}
void main()
{ int n;
  n=fun();
   printf("n=%d\n",n);
}
```

解析：函数fun中i代表百位，取值1～9，j代表十位，取值0～9，k代表个位，因该题求偶数，取值0～8并且k为偶数，故①应填k+2。该题是求每位相同的数，②处应填：j==i&&i==k。

【答案】 ① k+2　　②j==i&&i==k

2. 以下函数的功能：求x的n次方。请完善程序。

```
double f1(double x,int n)
{int i;
 double k;
 for(i=0,k=x;i<n;i++)
    k=____①____;
 return(k);
}
```

解析：函数实现n个x相乘，故①应填入k* x

【答案】 ① k* x

3. 下列函数的功能：判断一个正整数是否是素数。若是素数，则返回值为1，否则返回值为0。请完善下列程序。

```
int  prime(int n)
{int y=1,i;
 for(i=2;i<=n/2;i++)
    if(______①______){y=0;break;}
 return(y);
}
```

解析：函数 prime 判断 n 是否是素数，变量 y 表示函数值，初值假定 y=1，判定 n 是否是素数，只需把 n 与 2~n/2（还可更小为 sqrt（n））取余数，看能否整除，如能被该区间任意一个数整除，则 n 是非素数，y=0，并结束循环。故①应填入 n%i==0。

【答案】 ① n%i==0

4. 为使程序正确运行，请填出应包含的命令行。

```
_____①_____
void main()
{int x=2,y=3;
 printf("% f\n",pow(x,y));
}
```

解析：该程序调用了数学函数 pow（），故①应填入#include <math.h>。

【答案】 ① #include <math.h>

5. 下列程序的功能：计算 1！（阶乘）、2！、3！、4！、5！。请完善下列程序。

```
int fac(int n)
{_____①_____ int f=1;
 f=f*n;
 return(f);
}
void main()
{ int i;
   for(i=1;i<=5;i++)
printf("%d!= %d\n",i,fac(i));
}
```

解析：函数 f 是利用 static 变量的特性（保留上一次的值）来求阶乘。故①应填入 static。

【答案】 ① static

三、读程序写结果题

1. 以下程序的输出结果是（　　）。

```
#include <stdio.h>
unsigned fun(unsigned num)
{unsigned k=1;
 do{ k*=num% 10;  num/=10; }while(num);
```

```
 return k;
}
void main()
{unsigned  n=35;
 printf("%d", fun(n));
}
```

解析：函数 fun 的功能是计算并返回参数中的整数各个数位上的数字之积，所以函数调用 fun（35）的返回值为 3* 5 =15。

【答案】15

2. 以下程序的输出结果是（　　）。

```
#include <stdio.h>
void main()
{int a=3,b=2,c=1;
 c-= ++b;
 b* =a+c;
 {int b=5,c=12;
   c/=b* 2;
   a-=c;
   printf("%d,%d,%d\t",a,b,c);
   a+= --c;
 }
 printf("%d,%d,%d",a,b,c);
}
```

解析：本题考核的是局部变量。当外层的局部变量和内层的局部变量同名时，内层的变量起作用，外层的变量不起作用。所以内层中的输出结果为 2，5，1，外层中的输出结果为 2，3，-2。

【答案】2，5，1　　2，3，-2

3. 以下程序的输出的结果是（　　）。

```
#include <stdio.h>
int fun2(int a,int b);
int fun1(int a,int b)
{int c;
 a+=a;
 b+=b;
 c=fun2(a,b);
 return c* c;
}
int fun2(int a,int b)
{int c;
```

```
 c = a* b%3;
 return c;
}
void main()
{int x = 11, y = 19;
 printf("%d", fun1(x,y));
}
```

解析：本题考核函数嵌套调用。在 main 函数中调用 fun1 函数，在 fun1 中调用 fun2 函数。因此 fun2（22，38）的返回值为 2，所以 fun1（11，19）的返回值为 4。

【答案】 4

4. 在下面程序中，若输入的数据是 56，78，90，76，89，则输出的结果是（　　）。

```
#include <stdio.h>
void f(int a[],int i,int j)
{int t;
 if(i < j)
 {t = a[i];a[i] = a[j];a[j] = t;
   f(a,i +1,j -1);
 }
}
void main()
{int i,a[5];
 for(i =0;i <5;i ++)
    scanf("%d,",&a[i]);
 f(a,0,4);
 for(i =0;i <5;i ++)
    printf("%4d",a[i]);
}
```

解析：函数 f 是一个递归函数，其功能是将数组的内容倒置。当输入的数据为 56，78，90，76，89，时，则将这些值依次放在实参 a 数组 a［0］，a［1］，…中。调用函数 f 将数组元素的值倒置后返回到主函数中输出。因此，其结果为 89　76　90　78　56。

【答案】 89　76　90　78　56

5. 以下程序的输出结果是（　　）。

```
#include <stdio.h>
double f(int n)
{inti;double s =1.0;
 for(i =1;i < =n;i ++)    s + =1.0/i;
 return s;
}
```

```
void main()
{int i,m=3;double a=0.0;
 for(i=0;i<m;i++)
    a+=f(i);
 printf("%f",a);
}
```

解析：函数f(n)返回表达式1.0+1.0/1+1.0/2+…+1.0/n的值，a=f(0)+f(1)+f(3)，即a=1.0+2.0+2.5=5.5。

【**答案**】5.500000

3.6.3　自测训练

一、选择题

1. 在C程序的函数调用时，主调函数中的实参和被调函数中的形参（ ）。

A. 个数、次序必须相同，但数据类型可以不考虑

B. 个数、次序和对应参数的数据类型都应该相同

C. 个数、次序和数据类型均可以不相同

D. 对应参数数据类型应相同，但个数和次序可以不考虑

2. 以下程序的输出结果是（　　）。

```
int x=3,y=4;
void main( )
{int x,y=5;
 x=y++;
 printf("%d",x);
}
```

A. 3　　B. 4　　C. 5　　D. 6

3. 在C语言中，函数默认的存储类型为（　　）。

A. auto　　B. register　　C. static　　D. extern

4. 执行下面的程序后，变量a的值是（　　）。

```
#include <stdio.h>
#define SQR(X) X* X
void main()
{int a=10,k=2,m=3;
 a/=SQR(m)/SQR(k);
 printf("%d\n",a);
}
```

A. 10　　B. 1　　C. 5　　D. 0

5. 一个C程序的执行是从（　　）。

A. 本程序的 main 函数开始，到 main 函数结束

B. 本程序文件的第一个函数开始，到本程序文件的最后一个函数结束

C. 本程序的 main 函数开始，到本程序文件的最后一个函数结束

D. 本程序文件的第一个函数开始，到本程序 main 函数结束

6. 以下有关宏替换的叙述不正确的是（　　）。

A. 宏替换不占用运行时间　　B. 宏名无类型

C. 宏替换只是字符串替换　　D. 宏替换是在运行时进行的

7. 设有以下宏定义：

```
#define        N  3
#define        Y(n)  (N+1* n)
```

则执行语句 z=2* （N* Y（5+1））；后，z 的值为（　　）。

A. 30　　B. 72　　C. 48　　D. 54

8. 在 C 语言中，以下叙述错误的是（　　）。

A. 函数被调用时，系统才为形参分配内存

B. 实参和对应形参的数据类型必须一致

C. 实参可以是变量、常量或表达式

D. 形参可以是变量、常量或表达式

9. 一个数据类型为 void 的函数中可以没有 return 语句，那么函数被调用时（　　）。

A. 没有返回值　　B. 返回一个系统默认值

C. 返回只有用户临时决定　　D. 返回一个不确定的值

10. C 语言中规定，函数调用中用简单变量做实参时，它和对应形参之间的数据传递方式是（　　）。

A. 地址传递　　B. 单向值传递

C. 由实参传给形参，再由形参传回给实参　　D. 由用户指定传递方式

11. 以下程序的输出结果是（　　）。

```
#include <stdio.h>
int x=3,y=4;
void main()
{int x=0;
 x+=y++;
 printf("%d",x);
}
```

A. 3　　B. 4　　C. 5　　D. 6

12. 在下面 C 语言的函数说明语句中，正确的是（　　）。

A. int fun（int x，int y）；　　B. int fun（int x，y）；

C. int fun（x，y）；　　D. int fun（int x；int y）；

13. 下面程序执行后输出为（　　）。

```
#include <stdio.h>
int f(int n)
{if(n==1) return 1;
 else if(n==2) return 2;
 else return  f(n-1)+f(n-2);
}
void main()
{printf("%d\n",f(4));
}
```

A. 1　　B. 2　　C. 3　　D. 5

14. C 语言规定，函数返回值的类型由（　　）。

A. return 语句中的表达式类型所决定

B. 调用该函数时的主函数类型所决定

C. 调用该函数时系统临时决定

D. 在定义该函数时所指定的函数类型所决定

15. 在一个 C 源程序文件中定义的全局变量，其作用域为（　　）。

A. 整个源程序文件　　B. 从定义处开始到本源程序文件结束

C. 整个主函数　　D. 所处 C 程序的所有源程序文件中

16. 以下程序运行后，输出结果是（　　）。

```
#include <stdio.h>
#define PT 5.5
#define S(x)  PT* x* x
void main()
{int a=1,b=2;
 printf("%4.1f\n",S(a+b));
}
```

A. 49.5　　B. 9.5　　C. 22.0　　D. 45.0

17. 以下对 C 语言函数的有关描述，正确的是（　　）。

A. 在 C 中调用函数时，只能把实参的值传送给形参，形参的值不能传送给实参

B. C 函数既可以嵌套定义又可以递归调用

C. 函数必须有返回值，否则不能使用函数

D. C 程序中有调用关系的所有函数必须放在同一个源程序文件中

18. C 语言中，以下叙述中错误的是（　　）。

A. 主函数中定义的变量是全局变量

B. 同一程序中，全局变量和局部变量可以同名

C. 全局变量的作用域从定义处开始到本源程序文件结束

D. 局部变量的作用域被限定在其所定义的局部范围内

19. 在一个 char 类型的函数定义中，函数体中有 return 0；语句，该语句（　　）。

A. 是错误的　　　　B. 能正确向主调函数返回整型数 0
C. 在执行时不予理睬　　　　D. 在执行时会中断程序运行

20. 如果程序中有#include " 文件名" 则意味着（　　）。
A. 将" 文件名" 所指的那个文件的全部内容，在此命令行出现的这一点上，插入源程序
B. 指定标准输入输出
C. 宏定义一个函数
D. 条件编译说明

21. 凡是未显式定义存储类别的局部变量，其默认的存储类别是（　　）。
A. 自动的　　B. 静态的　　C. 外部的　　D. 寄存器的

22. 以下程序的输出结果是（　　）。

```
#include <stdio.h>
void main()
{int a[] = {1,2,3,4},i,x = 0;
 for(i = 0;i < 4;i ++) {fun(a,&x);printf("%d",x);}
 printf("\n");
}
fun(int * s,int * y)
{static int t = 3;
 * y = s[t];
 t --;
}
```

A. 1234　　B. 0000　　C. 4444　　D. 4321

23. 以下程序的输出结果是（　　）。

```
#include <stdio.h>
fun(int x)
{if(x/2 > 0)  fun(x/2 - 2);
 printf("%d ",x);
}
void main()
{fun(20);
 printf("\n");
}
```

A. 20　8　2　-1　　　　B. 2　8　20
C. 8　　　　D. -1　2　8　20

24. 函数 func（int a）{printf（"%d"，a）;} 的返回值类型是（　　）。
A. int 类型　　　　B. void 类型
C. 没有返回值　　　　D. 无法确定

25. 若用数组名作为函数调用的实参，则传递给形参的是（　　）。

A. 数组的首地址　　　　B. 数组第一个元素的值

C. 数组中全部元素的值　　　　D. 数组元素的个数

二、填空题

1. 以下递归函数是求 n! 之值。

```
float fac(int n)
{float f;
 if(n==0||n==1)
    f=1;
 else
    f=n* ______①______;
 return(f);
}
```

2. 下面的函数用以验证命题：100 以内的奇数的平方被 8 整除，余数均为 1，若命题成立，则返回 1，否则返回 0。请填空完成该函数。

```
int func()
{int a,flag=1;
 for(a=1;a<=100;a+=2)
    if(______①______)
    {flag=0;
     break;
    }
 return(flag);
}
```

3. 下面函数 mcf 用于求取两个正整数的最大公因子，请填空完善函数。

```
int mcf(int a,int b)
{int temp;
 while(b)
{temp=______①______;
 a=b;
 b=temp;
}
return a;
}
```

4. 函数 strlength（s）是返回字符串 s 的长度。请填空完善函数。

```
int strlength(char s[])
{int i=0;
 while(s[i]!='\0')______①______;
```

```
  return(i);
}
```

5. 下面程序的功能：用递归的方法将一个整型数 num 的各为数字转换为对应的数字字符输出，请填空完善程序。

```
#include <stdio.h>
void main()
{void convert(int n);
 int num;
 scanf("%d",&num);
 if(num<0)
 {putchar('-');
   num=-num;
 }
 convert(num);
}
void convert(int n)
{int j;
 j=n/10;
 if(______①______)
      convert(j);
 putchar(______②______);
}
```

6. 下面程序的功能：统计字符串中小写字母的个数，请填空完成程序。

```
#include<stdio.h>
#define IA(x) ______①______
void main()
{char str[80],*s,ch;
 int count=0;
 gets(str);
 s=str;
 while(*s)
 {ch=*s++;
   if(IA(ch))
      count++;
 }
printf("the sum is %d\n",count);
}
```

7. 下面函数的功能：将一个正整数 n 的每位数分离出来，并将其求和。请填空。

```
int pp(long n)
{int x;
 if(n<10)
    ①____ ;
 else
    x=pp(n/10) + ____②____ ;
 return(___③___);
}
```

三、读程序写结果题

1. 下面程序的输出结果是（　　）。

```
#include<stdio.h>
int func(int,int);
void main()
{int k=4,m=1,p;
 p=func(k,m);
 printf("%d,",p);
 p=func(k,m);
 printf("%d\n",p);
}
int func(int a,int b)
{static int m=1,n=2;
 n+ =m+1;
 m=n+a+b;
 return m;
}
```

2. 写出下面程序的运行结果（　　）。

```
#include<stdio.h>
  int f(int num,int run)
  {static int fact,i;
   if(run==0)
   {fact=1;
      i=1;
   }
   fact * =i;
   if( ++i < =num)
      f(num,1);
   return(fact);
  }
```

```
void main()
{int i=0;
 printf("f=%d\n",f(3,0));
}
```

3. 下面程序的运行结果是（　　）。

```
#include<stdio.h>
void main()
{void add();
 int i;
 for(i=0;i<3;i++)
     add();
}
void add()
{static int x=0;
 x++;
 printf("%d",x);
}
```

4. 下面程序的运行结果是（　　）。

```
#include<stdio.h>
void  increment()
{ static int x=0;
 x=x+1;
 printf("%d\n",x);
}
void main()
{increment();
 increment();
 increment();
}
```

5. 下面程序的输出结果是（　　）。

```
#include <stdio.h>
void main()
{int f(int n);
 int i,k,s=0;
 for(i=1;i<=6;i++)
 {k=f(i);
   if(k%6!=0)
     continue;
```

```
    if(k>100)
      break;
    s=s+k;
  }
 printf("%d",s);
}
int f(int n)
{static int f=1;
 f=f* n;
 return f;
}
```

6. 下面程序的输出结果是（　　）。

```
#include <stdio.h>
sub(int x,int y,int * z)
 {* z=y-x; }
main()
{int a,b,c;
 sub(10,5,&a);
 sub(7,a,&b);
 sub(a,b,&c);
 printf("%4d,%4d,%4d\n",a,b,c);
}
```

7. 下面程序的输出结果是（　　）。

```
#include<stdio.h>
void f1(int x,int y,int * sum)
{* sum=x+y;
  ++x, ++y;
}
void main()
{int a=10,b=20,c=100;
 void (* f)(int x,int y,int * sum);
 f=f1;
 (* f)(a,b,&c);
 printf("%d,%d,%d\n",a,b,c);
}
```

8. 下面程序执行时，如果输入字符序列 ABCDE！运行结果是（　　）。

```
#include <stdio.h>
void main()
```

```
{void reverse();
 reverse();
}
void reverse()
{char c;
 c=getchar();
 if(c=='!')prinf("%c",c);
 else
 {reverse();
   printf("%c",c);
 }
}
```

9. 下面程序的运行结果是（　　）。

```
#include<stdio.h>
void fun(int x)
{putchar('0'+x%10);
 if(x/10)
      fun(x/10);
}
void main()
{int m=1234;
 fun(m);
 putchar('\n');
}
```

10. 下面程序的输出结果是（　　）。

```
#include<stdio.h>
void sub(int * a,int n,int k)
{if(k<=n)
 sub(a,n/2,2* k);
 * a+=k;
}
void main()
{int x=0;
 sub(&x,8,1);
 printf("%d\n",x);
}
```

11. 下面程序的输出结果是（　　）。

```
#include<stdio.h>
```

```
int m =13;
void main ()
{int fun(int x,int y);
 int a =7,b =5;
 printf("%d \n",fun(a,b)/m);
}
int fun(int x,int y)
{int m =3;
 return x*y -m;
}
```

12. 下面程序的输出结果是（　　）。

```
#include <stdio.h>
int x =12,y =7;
void main ()
{int x =18,z;
 z =x -y ++;
 {int y,z;
   while(y =x --)
    {y/ =3;
     if(y% 3 ==0)
     {z = ( ++y);
      break;
     }
    }
 printf("%d,%d,%d \n",x,y,z);
 }
printf("%d,%d,%d \n",x,y,z);
}
```

13. 下面程序的运行结果是（　　）。

```
#include <stdio.h>
int x,y,a =15,b =10;
void num()
{x =a -b;
 y =a +b;
}
void main()
{
 int a =7,b =5;
```

```
 x = x + a;
 y = y - b;
 num();
 printf("%d,%d\n",x,y);
}
```

14. 下面程序的运行结果是（　　）。

```
#include <stdio.h>
int x=1,y=2,z=3;
void main()
{int x=6;
 y=5;
 funca();
 printf("%d,%d,%d\n",x,y,z);
}
funca()
{register int c=10;
 int x;
 y=7;x=c;
 funb();
 printf("%d,%d,%d\n",x,y,z);
 funb();
 printf("%d,%d,%d\n",x,y,z);
}
funb()
{static int a=2;
 z= ++a;
 printf("%d,%d,%d\n",x,y,z);
}
```

15. 下面程序的运行结果是（　　）。

```
#include <stdio.h>
int a=123;
void main()
{extern a,b;
 printf("%d\t%d\n",a,b);
 {int a=3,b=2,c=1;
   c-= ++b;
   b*=a+c;
   printf("%d\t%d\t%d\n",a,b,c);
```

```
     {int b=5,c=12;
      c/=b*2;
      a-=c;
      printf("%d,%d,%d\n",a,b,c);
      a+=--c;
     }
   }
  printf("%d,%d\n",a,b);
 }
 int b=456;
```

16. 下面程序的运行结果是（　　）。

```
#include <stdio.h>
extern int j=1;
void main()
{void add();    int sum(int x);
 int k,s;
 add();
 j++;
 printf("j=%d\n",j);
 for(k=1;k<=10;k++)
      s=sum(k);
 printf("s=%d\n",s);
}
void add()
{  int j=0;    j++;}
int sum(int j)
{  int x=0;   x+=j;   return(x);}
```

17. 下面程序的运行结果是（　　）。

```
#include  <stdio.h>
#define MIN(x,y)   (x)<(y)? (x): (y)
#define MUL(x,y)   x*y
void main()
{
 int s,t,k,m;
 s=10;
 t=15;
 k=10*MIN(s,t);
 m=MUL(s+t,s-t);
```

```
 printf("%d,%d",k,m);
}
```

18. 下面程序的运行结果是（　　）。

```
#include <stdio.h>
#define FUN(x,y)  x*y
void main()
{int  a=2,b=3;
 printf("%d\n",FUN(1+a,1+b));
}
```

四、编程题

1. 函数 delspace 的功能是删除一个字符串中所有的空格。例如，输入字符串为" This is a string"，则输出结果为" Thisisastring"。测试用主函数如下所示，请编制函数 delspace。

```
#include <stdio.h>
#include <string.h>
void main()
{char * delspace(char * str);
 char s[81],*ds;
 gets(s);
 ds=delspace(s);
 printf("\nResult:  %s\n", ds);
}
```

2. 函数 adddigit 的原型为 int adddigit（int num）;，其功能是求 num 各位数字之和。要求编制该函数并用相应的主函数进行测试。

3. 实现判断一个正整数是否为素数的函数首部为 int isprime（int x），当 x 是素数时函数返回 1，否则返回 0。要求编制该函数并用相应的主函数进行测试。

3.7 数　　组

3.7.1 知识要点复习

1. 一维数组

1）一维数组的定义

定义形式：

存储类型　数据类型　数组名［常量表达式］;

说明：①［ ］：数组运算符，不能用（ ）。②常量表达式必须是正整数或是符号常量，表示数组维数（元素个数），下标从 0 开始。③数组名表示内存首地址，是地址常量。④编译时分配连续内存：内存字节数 = 数组维数* sizeof（元素数据类型）。⑤不能用变量定义数组维数，即不允许动态定义。int i = 15；int data[i]；是非法的。

2）一维数组元素的引用

引用形式：

数组名［下标］

说明：(1）数组必须先定义，后使用。(2）只能逐个引用数组元素，不能一次引用整个数组。(3）下标可以是常量或整型表达式，从0开始，最大值为元素个数减1。

3）一维数组的初始化

(1）在定义数组时对所有数组元素赋初值，如：

```
int a [5] = {1, 2, 3, 4, 5};
```

(2）给数组部分元素赋初值，如：

```
int a [5] = {4, 5};
```

表明只给前两个元素赋初值。

说明：①数组不初始化，其元素值为随机数。②static 型数组不进行初始化时，如果是数值类型数组（如整型、实型）默认值为0；如果是字符型数组默认值为空字符'\0'（ASCII码为零的字符）。③对所有数组元素赋初值时可以不指定数组的长度。例如，“int a [ ] = {1, 2, 3, 4, 5};”与“int a[5] = {1, 2, 3, 4, 5};”等同。

2. 二维数组

1）二维数组的定义

若一个一维数组的每个元素也是类型相同的一维数组时便构成二维数组，其定义形式与一维数组类似：

存储类型　数据类型　数组名［常量表达式1］［常量表达式2］;

说明：①二维数组类似于数学中的矩阵，“常量表达式1”表示数组的行数，“常量表达式2”表示数组的列数。②二维数组元素按行的顺序存储在一段连续的内存空间中。

2）二维数组的引用

引用形式：

数组名［下标1］［下标2］

3）二维数组的初始化

(1）将数组所有元素初始值按顺序写在一对花括号内，各初值用逗号分隔。

例如，int a[3][2] = {1, 2, 3, 4, 5, 6}；使得 a[0][0] =1、a[0][1] =2、a[1][0] =3、a[1][1] =4、a[2][0] =5、a[2][1] =5。

(2）分行给二维数组赋初值。具体方法是将每行元素初值以逗号分隔写在花括号内，每个花括号内的数据对应一行元素。每行元素以逗号分隔，写在一个总的花括号内。例如，

int a[3][2] = { {1, 2}, {3, 4}, {5, 6}}；赋值结果与上例相同。

(3）只对部分元素初始化，没有初值对应的元素赋值0或空字符。

int a[3][2] = { {1, 2}, {4}, {5, 6}}；则 a[1][1] =0。

说明：给全部元素赋初值时，可以不指定第一维的大小，但第二维大小必须指定。例如，“int a[3][2] = {1, 2, 3, 4, 5, 6};”与“int a[ ][2] = {1, 2, 3, 4, 5, 6};”等同。

3. 字符数组与字符串

1）字符数组

字符数组是其元素为字符类型的数组，其定义、引用和初始化和一般的数字相同。

2）字符串

字符串是若干有效字符的序列，在 C 语言中无字符串类型，字符串通过字符串常量或字符数组进行处理。字符串常量是一对双引号括起来的字符序列，如" I am a　student. "。

C 语言规定以字符'\ 0'作为字符串结束的标识。

说明：

（1）可以用字符串直接初始化字符数组，但应注意数组长度应大于字符串的长度。如：

```
char s[16] = { " I am a student. "};
char s[ ] = { " I am a student. "};
char s[16] = " I am a student. ";
```

以上三种方法等价。

char s[7] = " student"; 将出错，应为

```
char s[8] = " student";
```

（2）字符串结束标识'\ 0'仅用于判断字符串是否结束，输出字符串时不会输出。

3）字符串的输入输出

可以使用 scanf 函数输入字符串，用 printf 输出字符串时，其中要用格式符“%s”。使用 scanf 函数输入字符串以回车或空格作为结束标识，因此不能输入含有空格的字符串。

（1）使用函数 gets（）输入字符

①函数原型：

```
char　* gets（char * str）;
```

②调用格式：

```
gets（str）;
```

str 是一个字符数组或指针。

③函数功能：从键盘读入一个字符串到 str 中，并自动在末尾加字符串　结束标识符'\ 0'。

输入字符串时以回车结束输入，这种方式可以读入含空格符的字符串。如：

```
char s[14];
gets（s）;
```

若输入的字符串为

How do you do? ↙

则 s 的内容为

How do you do? \ 0

（2）使用函数 puts（）输入字符

①函数原型：

```
int puts（char *　str）;
```

②调用格式：

```
puts（str）;
```

③函数功能：将字符数组 str 中包含的字符串或 str 所指示的字符串输出，同时将'\0'转换成换行符。例如：

```
char ch[] = " student";
puts (ch);   puts (" Hello");
```

4）常用字符串处理函数

（1）求字符串长度函数

①函数原型：

unsigned int strlen (char * s);

②调用形式：

strlen (s);

③功能：求字符串中所含字符的个数。不包括字符串结束符'\0'。

（2）字符串拷贝函数

①函数原型：

char * strcpy (char * str1, char * str2);

②调用形式：

strcpy (str1, str2);

③功能：把字符串 str2 拷贝到 str1，返回 str1，str2 的值不变。

（3）字符串比较函数

①函数原型：

int strcmp (char * s1, char * s2);

②调用形式：

strcmp (s1, s2);

③功能：把字符串 s2 与 s1 比较，当 s1 小于 s2 时，返回值小于0；当 s1 与 s2 一样时，返回值等于0；当 s1 大于 s2 时，返回值大于0。

（4）字符串连接函数

①函数原型：

char * strcat (char * str1, char * str2);

②调用形式：

strcat (str1, str2);

③功能：把字符串 str2 连同'\0'连接在 str1 的最后一个非'\0'字符后面，返回 str1。

4. 数组作为函数参数

数组作为函数参数主要有两种情况。

1）数组元素作为函数的实参

这种情况与普通变量作为实参一样，是将数组元素的值传给形参。形参的变化不会影响实参数组元素，这种参数传递方式为“值传递”。

2）数组名作实参

要求函数形参是相同类型的数组或指针，这种方式是把实参数组的起始地址传给形参数组，形参数组的改变也是对实参数组的改变，这种参数传递方式为“地址传递”。

3.7.2 典型题例解析

一、选择题

1. 下面函数的功能是（　　）。

```
int fun(char x[ ])
{ int  i =0;
  while(x[i]) i ++;
  return i;
}
```

A. 求字符串的长度　　B. 求字符串存放位置

C. 比较两个字符串的大小　　D. 将字符串 x 连接到字符串 y 后面

解析： 函数中的 while 循环在 x [i] 为 0 时终止，i 是结束符'\0'的位置。由于下标从 0 开始，所以 i 是字符串 x 的长度。

【答案】 A

2. 设有如下定义：

char str [10] =" china";

int length = strlen (str);

则 length 的值是（　　）。

A. 6　　B. 10　　C. 5　　D. 11

解析： 本题考查的是求字符串长度函数 strlen 的使用。该函数的返回值为所求字符串的实际长度。本题中，字符串 str 的实际长度为 5。

【答案】 C

3. 设有如下定义：

char str [10] =" china";

则数组 str 所占的存储空间为（　　）。

A. 5 个字节　　B. 6 个字节　　C. 7 个字节　　D. 8 个字节

解析： 当使用字符串常量为字符数组赋初值时，系统会自动在字符串常量后面加上字符串结束标识'\0'，数组所占空间为实际长度加 1。

【答案】 B

4. 下列数组的定义合法的是（　　）。

A. int a [] = {" china"};　　B. char str =" china";

C. int a [] = {0, 1, 2, 3, 4};　　D. int a [2] [] = {{1, 2}, {3, 4}};

解析： 本题考查的是数组的定义及初始化。选项 A 数组类型不对；选项 B 不能把字符串赋给一个字符变量；若对数组的全部元素赋初值，一维数组的长度可省，二维数组的行数可省。故选项 D 不正确。

【答案】 C

5. 以下程序段输出结果是（　　）。

```
char s[] = "\\141\141abc\t";
printf("%d",strlen(s));
```

A. 9　　B. 12　　C. 13　　D. 14

解析：本题考查的是 C 语言中的特殊字符。字符串 s 由以下字符组成：'\\', '1', '4', '1', '\141', 'a', 'b', 'c', '\t'共 9 个，其中包含 3 个转义字符（'\\', '\141', '\t'）。

【答案】A

6. 有如下语句：

char str1 [10], str2 [10] =" china";

则能将字符串 china 赋给数组 str1 的正确语句是（　　）。

A. str1 =" china";　　B. strcpy (str1, str2);

C. str1 = str2;　　D. strcpy (str2, str1);

解析：本题考查的是字符串与字符数组。在 C 语言中，两个字符数组不可以通过赋值运算符相互赋值。strcpy (str1, str2) 的功能是将 str2 中的字符串复制到 str1 中。

【答案】B

7. 执行下列程序段后，变量 k 的值为（　　）。

```
int  k=3,a[2];
a[0]=k;
k=a[1]*10;
```

A. 10　　B. 33　　C. 30　　D. 不确定值

解析：本题考查数组初始化。数组 a 定义时没有进行初始化，程序对 a [0]进行了赋值，没有对 a [1]进行赋值，所以 a [1]的值是不确定的。

【答案】D

8. 表达式 strcmp (" box"," boss") 的个值是一个（　　）。

A. 正数　　B. 0　　C. 负数　　D. 不确定值

解析：本题考查的字符串比较函数 strcmp 的使用。比较的方法是自左向右逐个字符比较其 ASCII 值的大小，直到出现不同的字符或遇到'\0'为止。若前者大于后者，函数值为一正整数；若两者相等，则函数值为 0；若前者小于后者，函数值为一负整数。

【答案】A

9. 在 C 程序中使用字符串处理函数时，在#include 命令行中包括（　　）。

A. " stdio. h"　　B. " ctype. h"　　C. " string. h"　　D. " math. h"

解析：本题考查的字符串处理函数。字符串输入输出所在的头文件为" stdio. h"，字符串处理函数所在的头文件为" string. h"。

【答案】C

10. 下列数组的定义合法的是（　　）。

A. int a [] = {" china"};　　B. char str =" china";

C. int a [] = {0, 1, 2, 3, 4};　　D. int a [2] [] = {{1, 2}, {3, 4}};

解析：本题考查的是数组的定义及初始化。选项 A 数组类型不对。选项 B 不能把字符串赋给一个字符变量；若对数组的全部元素赋初值，一维数组的长度可省，二维数组的行数可省。故选项 D 不正确。

【答案】C

11. 若有定义：char a [10]；下列选项中引用错误的是（　　）。

A. a [0]　　B. a [5 -2]　　C. a [10]　　D. a

解析：数组元素的引用是数组名 [下标]，下标从 0 开始，所以数组 a 的下标范围为 0 ~9。选项 A 符合下标范围。选项 B 中 5 -2 的值为 3，也符合下标范围。选项 C 超出了下标范围。那么选项 D 为什么是正确的，这里数组名表示数组的首地址。我们在输入字符串时常用到 gets (a)，所以选项 D 是正确的。

【答案】 C

12. 若有定义：char s [81]；，以下哪个选项不能实现将字符串" This is a Program. " 存入数组 s 中（　　）。

A. gets (s +2)；

B. scanf ("%20s", s)；

C. for (i =0; i <18; i ++)
  s [i] =getchar ()；

D. while ((c =getchar ( )) ! = '\ n')
  s [i ++] =c；

解析：scanf 函数不能完整接收含有空格的字符串，而 gets 函数却可以。故选项 B 中 scanf 函数接收的是字符串" This"，而选项 A 中 gets 函数接收的是整个字符串，并存放在 s +2 开始的地址里。选项 C 和选项 D 都是通过循环一个一个字符地输入以达到输入整个字符串。

【答案】 B

13. 设有定义：char s [10]；则下面表达式中不表示 s [1]地址的是（　　）。

A. s +1　　B. s ++　　C. &s [0] +1　　D. &s [1]

解析：s 是数组名，代表地址，是常量，不能 ++。

【答案】 B

14. 设有定义：char str [5] = {'a', 'b', '\ 0', 'c', '\ 0'}；，则语句" printf ("% s", str)；" 的输出结果是（　　）(□表示 1 个空格)。

A. 'a' 'b'　　B. ab　　C. abc　　D. ab□c

解析：本题考查的是字符串的输出。当一个字符串输出时，一旦遇到结束标识代表地址 '\ 0'则结束输出。在本题中，输出结果为 ab。

【答案】 B

15. 有如下程序，如果从键盘输入 ABC 后回车，则运行结果是（　　）。

```
void main()
{char str[10] ="12345";
 gets(str);
 strcat(str, "6789");
 puts(str);
}
```

A. 12345ABC6789

B. ABC123456789

C. ABC6789

D. ABC456789

解析：当初始化执行后，数组 str 中存放字符串" 12345"，执行完语句 "gets (str)；" 后，因为输入 ABC，所以将 "ABC" 赋值给 str。strcat (str, " 6789")；的功能是将字符串" 6789" 连接到 str 的最后并存放在 str 中。最后数组 str 中存放字符串" ABC6789"。

【答案】C

二、填空题

1. 下面函数的功能：将字符串 s2 复制给 s1。请填空。

```
void strcpy(char s1[ ],char s2[ ])
{int i=0;
 while (_____①_____)i++;
}
```

解析：如将 s2 复制给 s1，只需循环将 s2 的每个字符赋值到 s1 相应的位置即可，即应将 s2 [i]赋值给 s1 [i]，直到将字符串结束符也作相应赋值为止。故应填 s1 [i] = s2 [i]。

【答案】① s1 [i] = s2 [i]

2. 下面函数是用二分法查找 key 值的。数组中元素值已按递增次序排列。若找到 key 则返回对应的下标，否则返回 -1。请填空。

```
int bin(double a[],int n,double key)
{int low,high,mid;
 low=0;
 high=n-1;
 while(_____①_____)
  {mid=(low+high)/2;
   if (key<a[mid]) _____②_____;
   if (key>a[mid]) _____③_____;
   if(key==a[mid])_____④_____;
  }
 return -1;
}
```

解析：while 语句是对查找范围的限制，只要最小下标不超过最大下标即可。故①处应填 low < = high。if 语句根据 key 值相应调整查找范围，当 key < a [mid]时，应将查找范围更新为前半个数组，即应将最大下标调整为 hign = mid - 1。故②处应填 high = mid - 1。同理，③处应填 low = mid + 1。④处表示 key = a [mid]时的情况，即已找到 key 值时应做的工作，按题意直接返回下标即可。故④处应填 return mid。

【答案】①low < = high　②high = mid - 1　③low = mid + 1　④return mid

3. 下面程序是用冒泡法对数组 a 的元素从小到大排序。请填空。

```
void bub(int a[],int n)
{int j,k, jmax,temp;
 jmax=_____①_____;
 do
{k=_____②_____ ;
 for (j=0;j<jmax;j++)
  if (a[j]>a[j+1])
   {temp=a[j];
```

```
        a[j] =a[j +1];
        a[j +1] =temp;
        k = ____③____ ;
      }
    jmax = ____④____ ;
  }while (jmax >0);
}
```

解析：外层循环是对数组元素的每次处理，循环次数由 jmax 控制，由于最大的处理次数是 n－1 次，故应将 jmax 初始化为 n－1，即①处应填 n－1。内层循环中变量 k 用于记录每次发生交换的位置。因此，应将 k 初始化为 0，故②处应填 0。而发生元素交换时应更新 k 的值为 k =j。故③处应填 j。下一次处理的下标是 0－k（不包括 k），因为内层循环次数由 jmax 控制，故应将 jmax 更新为 k。故④处应填 k。

【答案】①n－1　　②0　　③j　　④k

4. 下面程序的功能：用选择法对数组 a 的元素由小到大排序。请填空。

```
void func(int a[],int m)
{int i,j,max,t;
 for(i =0;i <n -1;i ++)
 {max = ____①____ ;
   for(j =0;j <n -i;j ++)
   if(a[j] >a[max])
      max = ____②____ ;
   if (j! =max)
   {t =a[max];
     a[max] =a[____③____];
     a[____④____] =t;
   }
 }
}
```

解析：程序中 max 是记录最大元素下标的变量，初始值是 0。故①处应填 0。程序按顺序将各元素与最大值 a［max］比较，若 a［j］>a［max］，应将 max 更新为 j，因为 a［j］应成为临时的最大元素。故②处应填 j。在内层循环结束后，将 a［max］与最后元素交换。因为第一次处理（i =0）与 a［n－1］交换，第二次处理（i =1）与 a［n－1－1］交换……由此可知，a［max］应与 a［n－1－i］交换。故③处应填 n－1－i，④处应填 n－1－i。

【答案】①0　　②j　　③n－1－i　　④n－1－i

5. 下面函数的功能：从字符串 s 中删除从第 i 个字符开始的 n 个字符。请填空。

```
voiddel(char s[],int i,int n)
 { int j,k,length =0;
 while(s[length]) ____①____ ;
```

```
    i--;
    j=i;
    if(______②______)
    {k=i+n;
      if(i+n<=length)
      while(k<length)   s[j++]=s[k++];
      s[j]='\0';
    }
  }
```

解析：第一个循环是计算字符串s的长度length，因为若i>length，不能删除；若i+n<=length，子串被部分删除；若i+n>length，子串全部删除。故①处应填length++。而被删除的是从第i个字符到第i+n或最后一个字符之间的所有字符，实际删除前，应判别i<=length是否为真。由于已进行了--i运算（将位置i转换成下标，因i必然从1开始而下标是从0开始），故②处应填i<length。

【答案】①length++　　　　②i<length

三、读程序写结果题

1. 以下程序的输出的结果是（　　）。

```
#include<stdio.h>
void sort(int a[],int n)
{int i,j,t;
 for(i=0;i<n-1;i+=2)
    for(j=i+2;j<n;j+=2)
      if(a[i]<a[j]){t=a[i];a[i]=a[j];a[j]=t;}
}
void main()
{int i,a[]={11,12,13,14,15,16,17,18,19,20};
 sort(a,10);
 for(i=0;i<10;i++)
      printf("%4d",a[i]);
}
```

解析：从上述程序可以看出，函数sort的功能是将数组a中所有下标为偶数的元素按降序排列，其余元素的值不变。因此，执行该程序的输出结果为

19　12　17　14　15　16　13　18　11　20

【答案】19　12　17　14　15　16　13　18　11　20

2. 以下程序的输出的结果是（　　）。

```
#include<stdio.h>
void main()
{char str[];
```

```
 strcpy(&str[0],"CH");
 strcpy(&str[1],"DEF");
 strcpy(&str[2],"ABC");
 puts(str);
}
```

解析：从上述程序可以看出，此程序连续作了 3 次字符串的拷贝。第 1 次拷贝语句是将字符串" CH" 拷贝到以元素 str ［0］的地址为首地址的连续内存单元中。第 2、第 3 条拷贝语句是将字符串拷贝到以元素 str ［1］与 str ［2］的地址为首地址的连续内存单元中。

【答案】 CDABC

3. 以下程序段的输出的结果是（　　）。

```
char str[] ="1234";
int a,s =0;
for(a =0;str[a] > ='0'&&str[a] < ='9';a ++)
  s =10* s +str[a] -'0';
printf("%d",s);
```

解析：程序段完成的是“拼数”，将整数值型字符串转换为数值。

【答案】 1234

3.7.3 自测训练

一、选择题

1. 设有字符数组 a，则正确的输入语句是（　　）。

A. gets （'a'）;　　B. scanf （"%c"，a）;

C. scanf （"%s"，a）;　　D. gets （" a"）;

2. 用 strlen （" abcd \ 0ef \ ng \ 0"） 的结果为（　　）。

A. 4　　B. 5　　C. 8　　D. 10

3. 在 C 语言中，下面关于数组的描述中正确的是（　　）。

A. 数组的大小是固定的，但可以有不同类型的数组元素

B. 数组的大小是可变的，但所有数组元素的类型必须相同

C. 数组的大小是固定的，所有数组元素的类型必须相同

D. 数组的大小是可变的，可以有不同的类型的数组元素

4. 字符串常量" ab c \ nt \ 012 \ xa1* 2" 在内存中所占的存储空间节数是（　　）。

A. 11　　B. 13　　C. 15　　D. 18

5. 在 C 语言中，函数调用时若实参是数组名，则传递给被调函数对应形参的是(　　)。

A. 整个数组　　B. 数组元素的个数

C. 数组占用的内存单元个数　　D. 数组在内存中存放的首地址

6. 在下面关于一维数组的定义中，其中（　　）有语法错误。

A. int x ［］= {1，2，3，4，5};　　B. int x ［5］= {0};

C. int x ［］;　　D. int x ［5］;

7. 设有定义：char string [ ] =" Beijng!";，则元素 string [7]为（　　）。

A. g　　B. !　　C. \ 0　　D. n

8. 以下不能正确定义二维数组的选项是（　　）。

A. int　a [2] [2] = { {1}, {2} };　　B. int a [ ] [2] = {1, 2, 3, 4};

C. int　a [2] [2] = { {1}, 2, 3};　　D. int a [2] [ ] = { {1, 2}, {3, 4} };

9. 若有说明：int　a [10]；则对 a 数组元素的正确引用是（　　）。

A. a [10]　　B. a [10 - 10]　　C. a (5)　　D. a [3.5]

10. 若有说明：int　a [3] [4]；则对数组元素的非法引用是（　　）。

A. a [0] [2* 1]　　B. a [0] [4]　　C. a [4 - 2] [0]　　D. a [1] [3]

11. 错误的说明语句是（　　）。

A. static char word [ ] = {'T', 'u', 'r', 'o', '\ 0'};

B. static char word [ ] =" Turbo";

C. static char word [ ] =" Turbo \ 0";

D. static char word [ ] ='Turbo \ 0';

12. 函数调用 strcat (strcpy (str1, str2), str3) 的功能是（　　）。

A. 将串 str1 复制到串 str2 中，然后再连接到 str3 之后

B. 将串 str1 连接到串 str2 之后，再复制到 str3 之中

C. 将串 str2 复制到串 str1 中，然后再将串 str3 连接到串 str1 之后

D. 将串 str2 复制到串 str1 中，再将串 str1 连接到串 str3 之后

13. 在 C 语言中，引用数组元素时，其数组下标的数据类型不允许是（　　）。

A. 整型常量　　B. 整型表达式

C. 整型常量或整型表达式　　D. 任何类型的表达式

14. 判断字符串 a 和 b 是否相等，应当使用（　　）。

A. if (a == b)　　B. if (a = b)

C. if (strcpy (a, b))　　D. if (strcmp (a, b))

15. 下面程序执行后，变量 i 的值是（　　）。

```
int i;
char str[ ] ="a\045 +045 \'b";
for(i =0;str[i]! = '\0';i ++);
```

A. 7　　B. 8　　C. 9　　D. 10

二、填空题

1. 下面程序的功能：输出数组 s 中最大元素的下标，请填空完善程序。

```
#include <stdio.h>
void main()
{int k,p;
 int s[] ={1, -9,7,2, -10,3};
 for(p =0,k =p;p <6;p ++)
 if(s[p] >s[k])
   ______①______;
```

```
 printf("%d\n",k);
}
```

2. 下面函数 fun 的功能：求一个 3* 4 矩阵中的最小元素，请填空完善数定义。

```
int fun(int a[][4])
{int i,j,k,min;
 min=a[0][0];
 for(i=0;i<3;i++)
    for(j=0;j<4;j++)
       if(_____①_____)
          min=a[i][j];
return min;
}
```

3. 以下程序的功能：求取矩阵 a 的两条对角线上元素之和，请填空完成程序。

```
#include <stdio.h>
void main()
{int a[3][3]={1,2,3,4,5,6,7,8,9},sum1=0,sum2=0,i,j;
 for(i=0;i<3;i++)
    for(j=0;j<3;j++)
      if(i==j)
        sum1=sum1+a[i][j];
 for(i=0;i<3;i++)
    for(j=2;j>=0;j--)
      if(_____①_____)
        sum2=sum2+a[i][j];
 printf("sum1=%d,sum2=%d",sum1,sum2);
}
```

4. 以下程序功能求 a 数组中偶数的个数和偶数的平均值，请填空。

```
#include  <stdio.h>
void main()
{int a[10]={1,2,3,4,5,6,7,8,9,10};
 int k,s,i;
 float ave;
 for(k=s=i=0;i<10;i++)
 {if(a[i]%2!=0)
     _____①_____;
   s+=a[i];
   k++;
 }
```

```
if(k!=0)
 { ave=s/k;
   printf("%d,% f\n",k,ave);
 }
}
```

5. 函数 yh 的功能：构成一个杨辉三角形，请填空完成该函数。

```
#include <stdio.h>
#define N 11
void  yh(a[][N])
{int j,k;
 for(j=1;j<N;j++)
 {a[j][1]=1;
   a[j][j]=1;
 }
for( ______①______; j<N;j++)
   for(k=2;k<=j-1;k++)
      a[j][k]= _____②_____ +a[j-1][k];
}
```

6. 下列程序的功能：对某班的某科学生成绩 x 进行分段统计。要求将 [0，60]，[60，70]，[70，80]，[80，90]，[90，100]这五个分数段的人数分别统计在 a [5] ~ a [9]中。学生成绩采用百分制。当非法输入时，结束统计。

```
#include <stdio.h>
void main()
{  float x;  int i,k;
   static  int a[10];
   scanf("% f",&x);
   k= ______①______ ;
   while(k>=0&&k<10)
   {  if(k<6) k=5;
      a[k]=a[k]+1;
      scanf("%f",&x);
      k=(int)x/10;
   }
   for(i=5;i<10;i++)  printf("%d",a[i]);
}
```

7. 下面函数的功能：将字符串中的数字字符删除。请填空。

```
#include <stdio.h>
void delnum(char * s)
```

```
{int i,j;
 for(i=0,j=0;s[i]!='\0';i++)
    if(______①______)
      { s[j]=s[i];
        j++;
      }
 s[j]='\0';
}
```

8. 下面程序将一个数组中的值按逆序重新存放，如原来的顺序为 8，6，5，4，1。要求改为 1，4，5，6，8。请完善之。

```
#define N  5
void main()
{int a[N],i,temp;
 for(i=0;i<N;i++)
      scanf("%d",&a[i]);
 for(i =0;i<N/2;i++)
 {
   temp=a[i]; a[i]=a[N-i-1];______①______;
 }
 for(i=0;i<N;i++)
      printf("%4d",a[i]);
}
```

三、读程序写结果题

1. 以下程序的输出结果为（　　）。

```
#include <stdio.h>
void main()
{int i,j,row,colum,max;
 int a[3][4]={1,2,3,4,9,8,7,6,-10,10,-5,2};
 max=a[0][0];
 for(i=0;i<=2;i++)
       for(j=0;j<=3;j++)
           if(a[i][j]>max)
             { max=a[i][j];
               row=i;
               colum=j;
             }
 printf("max=%d,row=%d,colum=%d\n",max,row,colum);
}
```

2. 下列程序的运行结果是（　　）。

```
#include  <stdio.h>
void main()
{int a[][3]={9,7,5,3,1,2,4,6,8};
 int i,j,s1=0,s2=0;
 for(i=0;i<3;i++)
    for(j=0;j<3;j++)
    {if(i==j)
        s1+=a[i][j];
     if(i+j==2)
        s2+=a[i][j];
    }
 printf("%d,%d\n",s1,s2);
}
```

3. 下面程序的输出结果是（　　）。

```
#include <stdio.h>
void main()
{int m=0,n=0;
 char ch,s1[20]="country",s2[]="side";
 while(s1[m]!='\0') m++;
 while(s2[n]!='\0') s1[m++]=s2[n++];
 s1[m]='\0';
 for(n=0;n<m;n++)
    {ch=s1[n]; s1[n]=s1[m-1-n]; s1[m-1-n]=ch;}
 printf("%s",s1);
}
```

4. 下面程序的输出结果是（　　）。

```
#include  <stdio.h>
#include  <string.h>
void main()
{  char * s1,*s2,str[20]="xyz";
   s1="abcd";
   s2="ABCD";
   strcpy(str+1,strcat(s1+1,s2+1));
   puts(str);
}
```

四、编程题

1. 编程序实现功能：在一个元素值按升序存放的整型数组中插入一个数，使得插入后的数组元素仍然有序。

2. 函数 reverse 的原型为：void reverse（char s［］）;，其功能是将字符串 s 中的字符位置颠倒。例如，字符串“abcdefg”中的字符位置颠倒后变为“gfedcba”。编制函数 reverse 并用相应的主函数进行测试。

3. 有一字符串，包含 n 个字符。写一个函数，将此字符串从第 m 个字符开始的全部字符复制成为另一个字符串并输出这个字符串。例如，要求把字符串 abcdefg 中第 3 个字符开始的全部字符复制成为另一个字符串 cdefg。

3.8 指 针

3.8.1 知识要点复习

1. 指针和指针变量概念

指针就是变量（或某个内存空间的）地址。如一个变量中存放的是另一个变量或空间的地址，就把该变量叫做指向其他变量的指针。用来存储变量地址（指针）的变量称为指针变量。

2. 指针变量的各种定义方式

1）普通指针变量的定义

int i;　　char c;　　float f;　　定义各种变量的数据类型

int * p;　　char * p;　　float * p;　　定义指向各种变量的指针类型

p = &i;

注：p 中的值是地址，即：

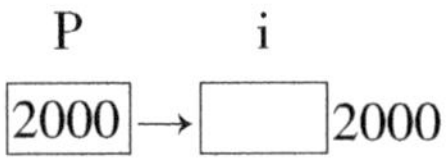

2）指针数组的定义

int a［n］;　　char a［n］;　　float a［n］;　　各种类型数组定义

int * p［n］;　　char * p［n］;　　float * p［n］;　　各种指针数组定义

定义指针数组 p，它由 n 个指向各数据的指针元素组成，每个数据元素都是一个指针变量。

例如，char * p［ ］= {" 123"," 12"," 12345"," 1"};

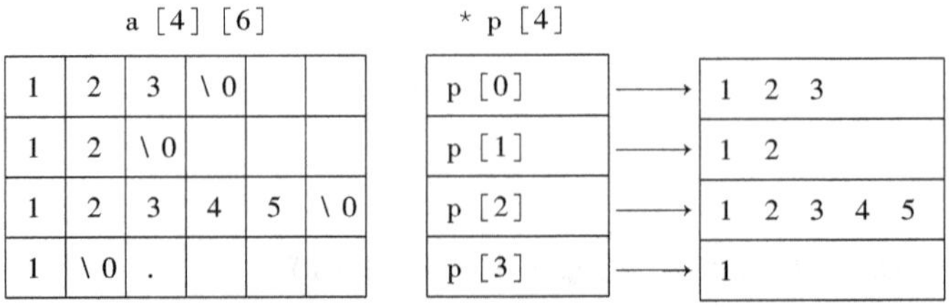

3）指向含 n 个元素的指针变量的定义

int (* p)［n］;

定义 p 为指向含 n 个元素的一维数组的指针变量，p 的增值以一维数组的长度为单位。如果 p + 1 指的是在原来基础上移动 n 个元素。

例如：

float　(* f) [5];

定义了一个指向一维浮点数的指针f有5个元素，f+1移动5个元素。该指针变量可用于处理二维数组（假如有一个二维数组a [3] [4]）。

说明：

(1) f+i可表示二维数组a的第i行的地址。

注：f+2和* (f+2) 表示第二行首地址，具有相同的值

(2) * (f+2) +3表示a数组第2行第3列元素地址。

注：(f+2) +3与* (f+2) +3的值不相同

(3) * (* (f+2) +3) 表示a数组第2行第3列数组元素，即a [2] [3]。

4）指针型函数的定义

int　p ( );　　　　定义p为带回整型函数值的函数，普通函数定义

int　* p ( );　　　定义p为带回一个指针的函数，指针型函数定义

5）函数指针的定义

int　(* p) ( );　定义p为指向函数的指针

6）多级指针的定义

int　* * p;　　　　定义p是一个指针变量，它指向一个指向整型数据的指针变量

3. 指针的运算

1）指针变量加（减）一个整数

例如：p++、p--、p+i、p-i、p+=i、p-=i。

说明：p+i代表地址计算：p+c* i，c为系数（整型c=2，实型c=4，字符型=1）表示p指向下面第i个元素。

2）指针变量赋值

将一个变量地址赋给一个指针变量

```
p=&a;              将变量 a 的地址 p
p=array;           将数组 array 首地址赋给 p
p=&array[i];       将数组 array 第 i 个元素的地址赋给 p
p=max;             max 为已定义的函数,将 max 的入口地址赋给 p
p1=p2;             p1 和 p2 都是指针变量,将 p2 的值赋给 p1
```

注意：

(1) 不能把一个整数赋给指针变量，即p=1000。

(2) 指针变量可以有空值，即该指针变量不指向任何变量。

p=NULL；NULL实际是整数0

(3) 两个指针变量可以相减

如果两个指针指向同一个数组的各个元素，则两个指针变量值之差是两个指针之间的元素个数。例如：p1=a [1]，p2=a [5]，p2-p1=5-1=4。

p1+p2无意义

(4) 两个指针变量比较

如果两个指针指向同一个数组的各个元素，则两个指针变量可以比较它们的大小。例

如：p1 > p2，p2 > p1。

3.8.2 典型题例解析

一、选择题

1. 以下程序的输出结果是（　　）。

```
#include <stdio.h>
void main()
{int a=25,*p;
 p=&a;
 printf("%d",++*p);
}
```

A. 23　　B. 24　　C. 25　　D. 26

解析：由于运算符“++”和指针运算符“*”的结合方向是自右向左，所以表达式等价于++（*p），该表达式的值是指针p所指变量加1，即25+1=26。

【答案】 D

2. 设有如下定义：

char *aa[2]={"abcde","ABCD"}；则以下说法正确的是（　　）。

A. aa元素的值分别是"abcde","ABCD"

B. aa是指针变量，它指向含有两个数组元素的字符型一维数组

C. aa数组的两个元素分别存放的是含有4个字符的一维字符数组的首地址

D. aa数组的两个元素中各自存放了字符'a'和'A'的地址

解析：aa是一个字符指针数组，它的2个元素分别存放的是字符串"abcde","ABCD"首字符的地址，即字符'a'和'A'的地址。

【答案】 D

3. 设有定义语句“int (*p)[M];”，其中的标识符p是（　　）。

A. M个指向整型变量的指针

B. 指向M个整型变量的函数指针

C. 一个指向具有M个整型元素的一维数组的指针

D. 具有M个指针元素的一维数组，每个元素都是指向整型变量的指针

解析：试比较定义语句“int (*p)[M];”和“int *p[M];”，第一个定义语句说明p是一个指针，指向一维数组，第二个定义语句说明p是一个数组，元素是指针。

【答案】 C

4. 设有定义语句“int (*p)();”，其中的标识符p是（　　）。

A. 指向整型变量的指针　　B. 指向整型函数的指针

C. 返回整型指针的函数　　D. 返回整型变量的函数

解析：试比较定义语句“int (*p)();”和“int *p();”，第一个定义语句说明p是一个指针，指向一个整型函数，第二个定义语句说明p是一个函数，返回整型指针。

【答案】 B

5. 对基类型相同的两个指针变量之间，不能进行的运算是（　　）。

A. <　　B. =　　C. +　　D. -

解析：同类型的两个指针可以进行比较运算、赋值运算、减法运算，但不能进行加法运算。所以正确答案为C。

【答案】C

6. 设有如下定义：

int a [2] [3] = {2, 4, 6, 8, 10, 12}；，则以下说法不正确的是（　　）。

A. *（a+1）为元素a [1] [0]的指针

B. a [1] +1为元素a [1] [1]的指针

C. *（a+1） +2为元素a [1] [2]的指针

D. * a[1] +2的值是12

解析：a是一个二维数组，则有如下结论。①a [i] +j == &a [i] [j] = * （a+i） +j均表示二维数组的i行j列的地址。②* （a [i] +j） == a [i] [j] = * （* （a+i） +j）均表示二维数组的i行j列的元素。选项D中的表达式* a [1] +2 = a [1] [0] +2 = 10不是12。

【答案】D

7. 若有以下说明，且0 < = i < 10，则对数组元素的错误引用的是（　　）。

int a [ ] = {1, 2, 3, 4, 5, 6, 7, 8, 9, 10}, *p = a, i;

A. * （a+i）　　B. a [p-a+i]　　C. p+i　　D. * &a [i]

解析：选项A中的* （a+i）是对a [i]地址的间接引用；选项B中的p-a为整数0，故a [p-a+i]仍是a [i]；选项D是对a [i]地址的间接引用；故它们实际上都是表示数组元素a [i]。而选项C中的p是指针，p+i也是指针，不是数组元素，故应选C。

【答案】C

8. 若有以下说明，则正确的字符串操作语句是（　　）。

char * str1 = " copy", str2 [10], * str3 = " str", * str4, * str5 = " good";

A. strcpy（str4, str1）;　　B. strcat（str1, str3）;

C. str2 = " new str";　　D. strcpy（str5, str3）;

解析：选项A中，指针变量str4未经初始化，即未指向任一空闲单元；选项B中str1指向的串仅有5个字节空间，无法把str3指向的串连接到str1末尾；选项C中的语句是直接为数组名赋新值，语法错误；选项D是将str指向的字符串复制到str5指向的字符串中并覆盖掉原字符串，而str3的长度小于str5的长度，是可行的。故应选D。

【答案】D

9. 有如下程序段：

int a [10] = {1, 2, 3, 4, 5, 6, 7, 8, 9, 10}, *p = &a [3];

则p [5]的值是（　　）。

A. 9　　B. 8　　C. 5　　D. 4

解析：根据上述定义，可得数组a的存储结构图：

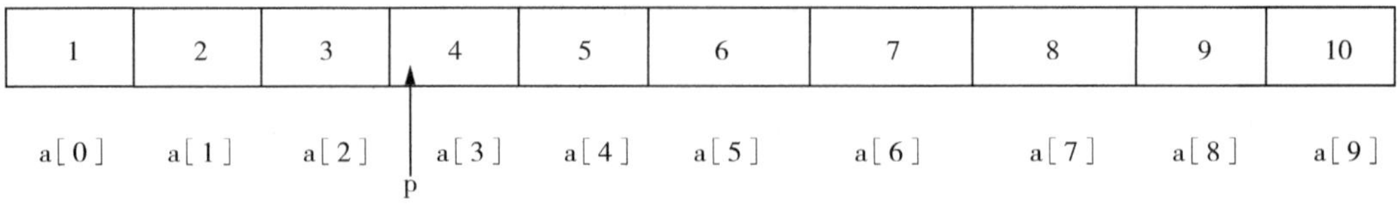

可以用指针变量加下标表示数组元素，而 p 是指向 a [3]的，从图中可以知道：p [0]，p [1]，p [2]…分别表示数组元素 a [3]，a [4]，a [5]…则 p [5]即为 a [8]。因此，应选 A。

【答案】 A

10. 下述程序的输出结果是（　　）。

```
#include <stdio.h>
void prt(int * x,int * y,int * z)
{printf("%d,%d,%d\n", ++ * x, ++ * y,*(z ++));}
void main()
{   int a=10,b=40,c=20;
    prt(&a,&b,&c);
    prt(&a,&b,&c);
}
```

A. 11，42，31　　12，22，41
B. 11，41，20　　12，42，20
C. 11，21，40　　11，21，41
D. 11，41，21　　12，42，22

解析：尽管 C 语言以值传递方式进行函数调用，但还是可以通过传递指针的值（即变量的地址）来达到修改实参变量值的目的。第一次调用函数时，* x = a = 10，* y = b = 40，* z = c = 20，输出时，++ * x 应为 11 并使 a = 11，++ * y 应为 41 并使 b = 41，* z ++ 应为 20 而 c = 20。故第一次输出为 11，41，20。第二次调用函数时，* x = a = 11，* y = b = 41，* z = c = 20，故第二次输出为 12，42，20。故应选 B。

【答案】 B

二、填空题

1. 以下程序求 a 数组中的所有素数的和，函数 isprime 用来判断自变量是否为素数，请补充填空。

```
#include <stdio.h>
void main()
{int i,a[10],*p = ____①____,sum=0;
 printf("Enter 10 num: \n");
 for(i=0;i<10;i++) scanf("%d",&a[i]);
 for(i=0;i<10;i++)
    if(isprime(* (p+i))==1)
      {printf("%d",*(a+i)); sum+= ____②____;}/* 打印素数并累加素数* /
 printf("\nThe sum=%d\n",sum);              /* 打印所有素数的和* /
}
```

```
isprime(int x)
{int i;
 for(i=2;i<=x/2;i++)
     if(x%i==0) return(0);
 return ___③___;
}
```

解析： 该题中 p 为指针，p 指向数组 a。故①处应填 a。“if（isprime（*（p+i））==1）”判断数组元素是否为素数，如是素数则输出素数并累加素数。故②处应填*（a+i）或*（p+i）。isprime（int x）函数是判断 x 是否为素数，如果 x 能被 2～x/2 的某个数整除，则是非素数返回函数值为 0，那么素数就自然是返回 1。故③处应填 1。

【答案】 ① a　　　②*（a+i）或*（p+i）　　　③1

2. 下述程序在数组中同时查找最大元素下标和最小元素下标，分别存放在 main 函数的变量 max 和 min 中，请填空。

```
#include <stdio.h>
void find(int * a,int n,int * max,int * min)
{int i;
 * max=* min=0;
 for(i=1;i<n;i++)
    if(a[i]>a[* max]) ___①___;
    else
      if(a[i]<a[* min]) ___②___;
 return;
}
void main()
{int a[]={5,8,7,6,2,7,3};
 int max,min;
 find(___③___);
 printf("\n%d,%d",max,min);
}
```

解析： 初始时，函数 find 中的指针变量 max 和 min 指向的单元都存放下标 0，表示 a[0]是临时的最大值和最小值。需要更新时，应使* max=i，*min=i，因为* max 和* min 才代表下标变量。故①处应填* max=i，②处应填* min=i。从函数定义中可以看出，函数调用时，应传递数组首地址、数组长度及存放最大、最小下标值的地址。故③处应填 a，7，&max，&min。

【答案】 ① * max=i　　　②* min=i　　　③a，7，&max，&min

3. 下述程序的作用是删除字符串 s 中的所有空格、制表符（Tab）、回车符和换行符。请填空。

```
#include <stdio.h>
```

```
#include <ctype.h>
void main()
{char s[81]={"s    t    r    i n g."};
 char * p,* m;
 m=s;
 for(p=s;* p;p++)
    if(! isspace(______①______))
          ____②____ =* p;
 * m='\0';
 puts(s);
}
```

解析：程序的基本思路是逐个判断字符串中的字符，如果不是空格和Tab等需要删除的字符，则将这些字符记录下来，否则继续下一次循环。①处判断p指向的字符是否为空格等字符，而isspace（ ）函数是当测试一个字符是空格等时，返回非0值，否则返回0，故应填* p。②处是记录保留字符* p的值，程序中是利用字符串本身的空间来记录字符，该空间的头指针是m，记录下* p后应使m增加1，故应填 * m++。

【答案】① * p　　　　②* m++

4. 下述函数统计一个字符串中的单词个数。请填空。

```
int word(char * s)
{int num=0,flag=0;
 while(* s)
 {if(______①______ ==' ')
         flag=0;
 else
        if( ____②____ )
          {flag=1;
           num++;
          }
 }
return ______③______ ;
}
```

解析：单词是指空格之间的字符序列。程序中用变量flag来记录单词是否结束。因为在num++之前flag=1，可见，flag=1和0分别是单词和空格的标记。①处应比较* s是否是空格，而循环中没有使s变化的语句，故①处应填* s++。在* s++!=' '时，还必须以肯定这是一个单词的开头才能进行累计，即只能在flag==0时表示前面的字符是空格，现在是一个单词的开始。故②处应填flag==0。最后应返回单词的个数num。故③处应填num。

【答案】① * s++　　　②flag==0　　　③num

三、读程序写结果题

1. 下述程序的输出结果是（　　）。

```
#define  PR(ar)  printf("%4d",ar)
#include <stdio.h>
void  main()
{int j,a[]={1,3,5,7,9,11,13,15},*p=a+5;
 for(j=3;j;j--)
    switch(j)
    {case 1:
     case 2:PR(* p++);break;
     case 3:PR(* (--p));
    }
}
```

解析：p 的初值为 a+5，即指向 11。故* （--p）的值为 9 并使 p 的值为 a+4，故先输出 9。然后* p++的值仍为 9 并使 p 的值为 a+5，故输出 9。最后* p++的值为 11 并使 p 的值为 a+6，故输出 11。循环结束，故最后的输出结果是 9　9　11。

【答案】　9　9　11

2. 下述程序的输出结果是（　　）。

```
#include <stdio.h>
void main( )
{char s[]="ABCDEFG";
 char * cp=&s[7];
 while(--cp>=s)
    putchar(* cp);
 putchar('\n');
}
```

解析：由于字符数组 s 中 s［7］是指结束符'\0'，指针 cp 指向 s［7］，通过循环，应输出 --cp 指向的字符，即 s［6］，故首先输出 G，继续循环，输出 F，直到最后 --cp=s 时输出 A。输出结果为 GFEDCBA。

【答案】 GFEDCBA

3. 下述程序的输出结果是（　　）。

```
#include <stdio.h>
void main( )
{int a[]={1,3,5,7,9},*p,** k;
 p=a;
 k=&p;
 printf("%d  ",*(p++));  printf("%d  ",** k);
}
```

解析：p 是整型指针，k 是一个指向指针的指针。p 指向元素 a [0]，k 指向指针 p。第一个输出语句输出元素 a [0]后，指针 p 指向元素 a [1]，故第二个输出语句输出的是 a [1]。

【答案】 1　3

4. 下述程序的输出结果是（　　）。

```
#include <stdio.h>
void main( )
{char * s[] ={"12345","ABCDE","67890","WXYZT"},** p;
 p=s+1;
 printf("%c  ",** p++);
 printf("%s\n",*p);
}
```

解析：执行 p=s+1；p 指向" ABCDE"；对* * p++，自右向左结合，但先执行* * p 的处理，然后 p++，则 p 指向" 67890"，"%s" 格式输出该字符串。

【答案】 A　67890

5. 下面程序的输出结果是（　　）。

```
#include <stdio.h>
void main()
{char ch[2][5]={"1234","5678"},*p[2];
 int j,k,s=0;
 for(k=0;k<2;k++)
    p[k]=ch[k];
 for(k=0;k<2;k++)
    for(j=0;p[k][j]>'0'&&p[k][j]<='9';j+=2)
      s=10* s+p[k][j]-'0';
 printf("s=%d\n",s);
}
```

解析：p 是一个指针数组，通过第 1 个 for 语句个数组 p 赋值，p [0] =ch [0] =&ch [0] [0]，p [1] =ch [1] =&ch [1] [0]，由此得出 p [i] [j] =a [i] [j]。所以第二个 for 语句执行后变量 s 的值是 s=1357。

【答案】 1357

3.8.3　自测训练

一、选择题

1. 有定义：float y，*p=&y;，假定变量 y 在内存中所占地址为 100 ~ 103。那么 p 的值为（　　）。

A. 100　　B. 101　　C. 102　　D. 103

2. 有定义：int a [10]，n，* p1=a，* p2=&a [9];，则正确的赋值语句为（　　）。

A. n = p2 - p1;　　B. n = p2 * p1;　　C. n = p2 + p1;　　D. n = p1/p2;

3. 已有定义 int k = 2; int * ptr1, * ptr2;, 且 ptr1 和 ptr2 均已指向变量 k, 下面不能正确执行的赋值语句是（　　）。

A. k = * ptr1 + * ptr2;　　B. ptr2 = k;

C. ptr1 = ptr2;　　D. k = * ptr1 * (* ptr2);

4. 设有如下程序:

```
#include <stdio.h>
void main()
{int* * k,*j,i =100;
 j = &i;k = &j;
 printf("%d\n",** k),
}
```

上述程序的输出结果是（　　）。

A. 运行错误　　B. 100　　C. i 的地址　　D. j 的地址

5. 已知 char s [4] = " cba"; char * p;, 执行语句列 p = s; printf ("%c \ n" ,* p +1); 后，其输出为（　　）。

A. c　　B. b　　C. a　　D. d

6. 有定义：int x, y = 10,* p = &y;, 则能使得 x 的值也等于 10 的语句是（　　）。

A. x = p;　　B. x = &p;　　C. x = &y;　　D. x = * p;

7. 有定义：int a [5] [4], (* p) [4] = a;, 则* (* (p +2) +3) 等价于(　　)。

A. a [2] [0]　　B. a [2] [1]　　C. a [2] [2]　　D. a [2] [3]

8. 有定义：char * s = " \ t \ " Name \ \ Address \ "";, 那么 strlen (s) 等于(　　)。

A. 15　　B. 16　　C. 17　　D. 18

9. 设有定义：int x,* p;, 能使指针变量 p 指向变量 x 的语句是（　　）。

A. * p = &x;　　B. p = &x;　　C. * p = x;　　D. p = * &x;

10. 下面程序执行后输出为（　　）。

```
#include <stdio.h>
void main()
{int a =5,* p1,** p2;
 p1 = &a;  p2 = &p1;
 (* p1) ++;
 printf("%d\n",** p2);
}
```

A. 5　　B. 4　　C. 6　　D. 不确定

11. 设有定义 int a =3, b,* p = &a;, 则下列语句中使 b 不为 3 的语句是（　　）。

A. b = * &a;　　B. b = * a;　　C. b = a;　　D. b = * p;

12. 已知 int a [3] [4], p = a; p + =6;, 那么与* p 的值相同的是（　　）。

A. * (a +6)　　B. * (&a [0] +6)

C. * (a [1] +2)　　D. * (&a [0] [0] +6)

13. 若有定义 int i=2, a [10],* p=&a [i];, 则与* p++语句意义上等价的是(　　)。

A. a [i++]　　B. a [i]++　　C. a [i]　　D. a [++i]

14. 如果有 main (float argc, char * argv [ ]), 那么类型定义错误的参数是（　　）。

A. argv　　B. argv [ ]　　C. argc, argv [ ]　　D. argc

15. 设有如下程序:

```
#include <stdio.h>
void main()
{int * * k,*j,i=100;
 j=&i;k=&j;
 printf("%d\n",** k),
}
```

上述程序的输出结果是（　　）。

A. 运行错误　　B. 100　　C. i 的地址　　D. j 的地址

16. 有定义: int a [5],* p=a;, 则不能表示元素 a [4]的是（　　）。

A. * (P+4)　　B. * (&a+4)　　C. * (&a [0] +4)　　D. * (a+4)

17. 设有如下的程序段:

```
char sb[]="hello";
char * ptr;
ptr=sb;
```

执行上面的程序段后, * (ptr+5) 的值为（　　）。

A. 'o'　　B. '\ 0'　　C. 不确定的值　　D. 'o'的地址

18. 下列说明不正确的是（　　）。

A. char a [10] = " china";　　B. char a [10],* p=a; p=" china";

C. char * a; a=" china";　　D. char a [10],* p; p=a=" china";

19. 运行下列程序时, 若输入的命令行为: filel　-456　NET4, 则程序运行的结果是（　　）。

```
void main(int argc;char * argv[])
{inti;
 for(i=l;i<argc;i++)  printf("% 6s",argv[i]);
}
```

A. file1　-456　NET4　　B. file1　-456

C. -456　NET4　　D. NET4

20. 在执行程序 china. exe 时, 若输入的命令行为 china enlish Beijing, 则程序的执行结果为（　　）。

```
#include <stdio.h>
void main(int argc,char* argv[])
{while(argc>1)  {printf("%c",** ++argv);argc--;}}
```

A. eB　　B. ceB

C. china enlish Beijing　　D. enlish Beijing

二、填空题

1. 下面程序的功能：输出数组中的各字符串，请填空完成程序。

```
#include <stdio.h>
void main()
{char * a[]={"abcd","12345","efghijk","67890"};
 char ____①____;
 int j=0;
 p=a;
 for(;j<4;j++)
    ______②______ ;
}
```

2. 下面程序的功能：将字符串 str 的内容颠倒过来并输出，请填空完善程序。

```
#include <stdio.h>
void main()
{char str[]={"abcdefg"},* p1,* p2,ch;
 p1=p2=str;
 while(* p2!='\0')
 p2++;
 _____①_____ ;
 while(p1<p2)
 {ch=* p1,* p1=* p2,* p2=ch;
   ____②____;
   p2--;
 }
puts(str);
}
```

3. 下面函数 fun 的功能：比较两个字符串的大小，若两字符串相同则返回 0 值，否则返回两个字符串中第一个不相同字符之差；请填空完成函数。

```
#include<stdio.h>
int fun(char * s,char * t)
{  while(* t++==* s++&&* t!='\0'&&* s!='\0')
     ;
   return( ____①____ );
}
void main()
{  char str1[80],str2[80];
   gets(str1);
   gets(str2);
```

```
   printf("%d\n",fun(str1,str2));
}
```

4. 函数 abc 的功能：求取字符串的长度，请填空完成函数。

```
int abc(char * k)
{char * p;
 p = ______①______ ;
 while(* p)
    p ++;
return(p - k);
}
```

5. 下面程序的功能：使 x 与 y 变量之值进行交换，请填空完成程序。

```
#include  <stdio.h>
void main()
{void swap(int * ptr1,int * ptr2);
 int x,y;
 printf("input x,y");
 scanf("%d,%d",&x,&y);
 printf("%d\t%d\n",x,y);
 if(x<y)
    swap(____①____);
    printf("%d\t%d\n",x,y);
}
void swap(int * ptr1,int * ptr2)
{int temp;
 temp =* ptr1,* ptr1 =* ptr2,* ptr2 =temp;
}
```

6. 下面程序的作用：将两个字符串连接在一起。

```
#include <stdio.h>
void  main()
{char str1[80] ="abcde",*str2 ="12345",* ptr1;
 ptr1 =str1;
 while(*  ++ptr1);
 whilc((* ptr1 ++ = ____①____)!='\0');
 puts(str1);
}
```

7. 以下程序的作用：输出 a 数组中 10 个元素的值。

```
#include <stdio.h>
```

```
void main()
{  int i,a[10],*p=a;
   for(i=0;i<10;i++)
     scanf("%d",p++);
   ______①______;
   for(i=0;i<10;i++,p++)
     printf("%5d",*p);
}
```

8. 下面程序的功能：统计命令行第一个参数中出现的字母的个数，请填空（注：参数个数从0开始计数）。

```
#include <stdio.h>
#include <ctype.h>
void main(int argc, ____①____argv[])
{  char *str;
   int count=0;
   if(argc<2)  return;
   str= ______②______;
   while(*str)
       if(isalpha(*str++))count++;
   printf("\nCount:%d\n",count);
}
```

9. 下述函数fun的功能：将x的值转换成二进制数，并将该二进制数的每一位写入数组b，最低位存放与b［0］中，其他依此类推。请填空完成该函数。

```
void fun(int x,int *b)
{  int r;
   do
   {r=x% ____①____;
    *b++=r;
    x/= ____②____;
   }while(x);
}
```

10. 函数fun的功能：判断一个3位整数的个位数和百位数之和是否等于其十位上的数字，是则返回" yes!"，否则返回" no!"，请填空完成函数。

```
#include <stdio.h>
____①____fun(int n)
{int g,s,b;
 g=n%10;
 s=n/10%10;
```

```
 b=n/100;
 if((g+b)==s)
       return "yes";
 else
       return ____②____;
 }
void  main()
{int n;
 scanf("%d",&n);
 printf("%s\n",fun(n));
}
```

三、读程序写结果题

1. 写出下面程序在输入数据为 a4BZ! <CR>（<CR>表示按 Enter 键）时的运行结果（　　）。

```
#include<stdio.h>
void main()
{char ps[80],*str;
 char c;
 gets(ps);
 str=ps;
 while((c=* str)!='\0')
 {if((c>='a'&&c<='z')||(c>='A'&&c<='Z'))
   {c=c+4;
    if(c>'Z'&&c<='Z'+4||c>'z')
      c=c-26;
      * str=c;
   }
   str++;
 }
printf("%s\n",ps);
}
```

2. 以下程序的运行结果是（　　）。

```
#include<stdio.h>
void main()
{int a[]={1,3,5},s=1,j,* p=a;
 for(j=0;j<3;j++)
      s* =* (p+j);
 printf("s=%d\n",s);
```

```
}
```

3. 在下列程序中，若输入为 today is　Monday!　<CR>，则输出结果是（　　）。

```
#include <stdio.h>
void main()
{char s[40],c,*str=s;
 int num=0,word=0;
 gets(str);
 while((c=*str++)!='\0')
 {  if(c=='#')
       word=0;
    else if(word==0)
        {word=1;      num++;}
 }
printf("%d words \n",num);
}
```

4. 下面程序的输出结果是（　　）。

```
#include <stdio.h>
void ff(char * p1,char * p2)
{  while(* p2++ =* p1++);  }

void  main()
{  char * p1="abcde",*p2="1234567";
   ff(p1,p2);
   printf("%s \n%s \n",p1,p2);
}
```

5. 下面程序的输出结果是（　　）。

```
#include <stdio.h>
void  main()
{
 char  * str="1234567",*ptr;
 ptr=str;
 * (ptr+4) + =3;
 printf("%c,%c \n",*ptr,*(ptr+4));
}
```

四、编程题

1. 函数的原型说明为 int chrn (char * s, char c);，其功能是测试 c 在 s 中出现的次数，编制该函数并用相应的主函数进行测试。

2. 函数原型说明为 int mystrlen（char * s）;，其功能是测试字符串 s 的长度，编制该函数并用相应主函数对其进行测试。

3.9　结构体、共同体与枚举类型

3.9.1　知识要点复习

1. 结构体类型的定义

结构体是一种构造数据类型，其用途是把不同类型的数据组合成一个整体，是一种自定义数据类型。结构体类型的定义形式：

```
struct  [结构体名]
{
 类型标识符     成员名 1;
 类型标识符     成员名 2;
 ……………
};
```

说明：

（1）struct 是关键字，不能省略。

（2）结构体名是合法标识符，可省，省略则为无名结构体。

（3）成员类型标识符可以是基本型或构造型。

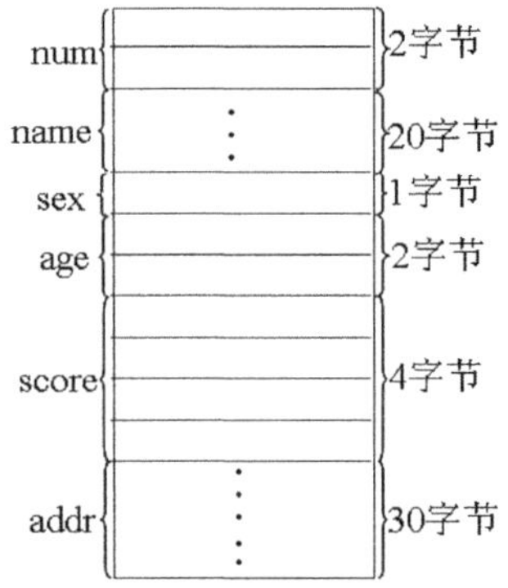

图 3-5　结构体内存分配

（4）结构体类型定义仅仅描述了结构体如图 3-5 所示的组织形式（占用内存空间为各成员所占内存空间之和），不分配内存。例如：

```
struct  student
{  int num;                  /* 学号* /
   char  name [20];          /* 姓名* /
   char sex;                 /* 性别* /
   int age;                  /* 年龄* /
   float  score;             /* 成绩* /
   char addr [30];           /* 地址* /
};             注:";" 不能省。
```

2. 结构体类型变量的定义

1）先定义结构，再用结构类型去定义变量

struct 结构名

{

 成员列表;

};

struct 结构名 结构变量列表;

2）在定义结构体类型的同时定义结构体变量

```
struct 结构名
{
 成员列表;
} 结构变量列表;
```

3）省略结构体类型名，直接定义结构体变量

```
struct
{
 成员列表;
} 结构变量列表;
```

如：

```
struct student
{
 int no;
int name[20];
int age;
};
struct student stu1,stu2;
```

3. 结构体变量成员的使用

1）由结构体变量名引用其成员

结构变量名．成员名

2）由指向结构体的指针引用结构体变量的成员

指针变量名 - >成员名　　或（* 指针变量名）．成员名

说明：

(1）结构体变量不能整体引用，只能引用变量成员。

(2）可以将一个结构体变量赋值给另一个结构体变量。

(3）结构体嵌套时需要逐级引用。例如：

```
struct  student
  {  int no;
     char name[20];
     struct  date
     {     int month;
           int day;
           int year;
     }birthday;
  }stu1,stu2;
struct student stu1;
struct student * pstu=&stu1; /* 在定义指针时赋以初值 * /
stu1.no=1;
```

```
strcpy(stu1,name,"Zhang");
pstu->no=1;或(* pstu).no=1;
stu2=stu1;
stu2.date.year=1988;
```

4. 结构体变量的初始化

1）形式一

```
struct 结构体名
{
 类型标识符     成员名;
 类型标识符     成员名;
 ……………
};
struct 结构体名  结构体变量 = {初始数据};
```

如：

```
struct  student
  {  int num;
     char  name[20];
     char sex;
  int age;
  char addr[30];
  };
struct  student  stu1={112,"Wang Lin",'M',19,"200 Beijing Road"};
```

2）形式二

```
struct 结构体名
{
 类型标识符     成员名;
 类型标识符     成员名;
 ……………
} 结构体变量 = {初始数据};
```

例如：

```
struct  student
{int num;
 char  name[20];
 char sex;
 int age;
 char addr[30];
}stu1={112,"Wang Lin",'M',19, "200 Beijing Road"};
```

3）形式三

```
struct
{
 类型标识符      成员名;
 类型标识符      成员名;
 …………….
} 结构体变量 = {初始数据};
struct
{int num;
 char  name[20];
 char sex;
 int age;
 char addr[30];
}stu1 ={112,"Wang Lin",'M',19,"200 Beijing Road"};
```

5. 结构体类型数组

如果一个数组的每个元素是类型相同的结构体类型，则该数组为结构体数组。其单元和使用方法与一般数组相似。结构体类型数组内存分配如图 3-6 所示。

例如：

```
struct  student
  {int  num;
   char name[20];
   char sex;
   int age;
}stu[2];
```

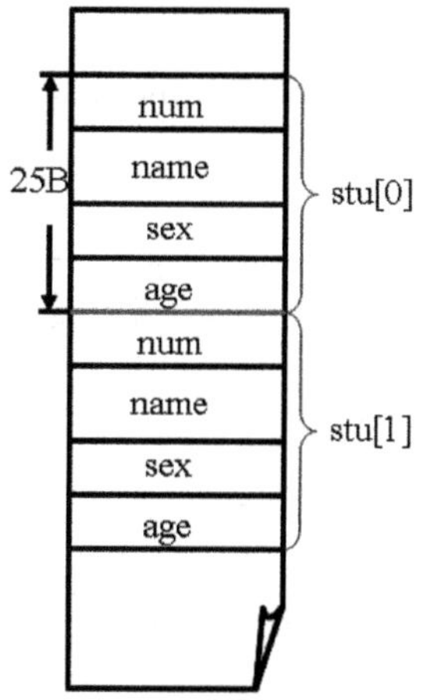

图 3-6　结构体类型数组内存分配

引用方式：

结构体数组名 [下标]. 成员名

6. 结构体类型指针

可以定义一个指针变量指向一个结构体变量，该指针变量的值就是结构体变量所占内存段的起始地址。

7. 链表

链表是由若干个数据项（每个数据项称为一个“结点”）按一定的原则连接起来的结构。每个数据项都包含若干个数据和一个指向下一个数据项的指针，依靠这些指针将所有的数据项连接成一个链表。每个结点用结构体类型描述。例如：

```
struct student
{
 long num;
```

```
    float score;
    sturct student * next
   };
   struct student * head;
```

1）内存分配函数 malloc（）

（1）函数原型：

void * malloc（unsigned int size）;

（2）功能：参数 size 表示要分配的内存空间的字节数。返回一个指向新分配的内存块的指针，指向这块内存空间的起始地址。如果没有足够的空间分配 size 大小的内存块，则返回 NULL。如果 size 为 0，也返回 NULL。

2）内存释放函数 free（）

（1）函数原型：

void　free（void * ptr）;

（2）功能：释放指针变量 ptr 指向的内存空间。

说明：

malloc 函数与 free 函数均在 stdlib. h 里说明。例如：

```
struct student * pstu;
pstu = (struct student * )malloc(sizeof(struct student));
/*  给 pstu 动态分配空间 * /
pstu - >no =2;
free(pstu);          /*  释放 pstu 所指向的空间 * /
pstu =NULL;         /*  置为空指针* /
```

8. 共用体类型的定义

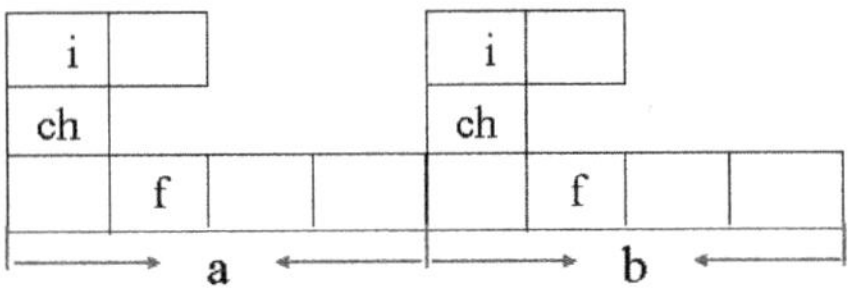

图 3-7　共用体内存分配

共用体的目的是让它的各个成员占用同一内存空间。

```
union 共用体类型名
{
 成员列表;
};
```

共用体变量的定义跟结构体相似，也分三种情况。

1）先定义共同体类型，再定义共同体类型变量

```
union data
{  int i
   char ch;
   float  f;
};
union data a,b;
```

变量 a、b 的内存分配如图 3-7 所示。

2）在定义共用体类型的同时定义共用体类型变量

```
union data
{  int i;
   char ch;
   float f;
}a,b;
```

3）定义共用体类型时，省略共用体类型名，同时定义共用体类型变量

```
union
{  int i;
   char ch;
   float f;
}a,b;
```

说明：

（1）当一个共用体变量被定义时，编译程序按照最大的成员长度分配内存。

（2）不能在定义共用体变量时对它进行初始化。对共用体变量赋值必须针对其成员进行。

（3）一个共用体变量不是同时存放多个成员的值，而只能存放其中的一个值。

9. 共用体成员的引用

1）在定义共用体变量之后，就可以引用该共用体变量的某个成员

例如：a. i = 10;

　　a. ch = 'D';

　　a. f = 10. 39;

2）通过指针变量引用共用体变量中的成员

```
union data * pt,x;
pt = &x;
pt - > i =278;
pt - > ch = 'D';
pt - > f =5. 78;
```

10. 枚举类型

1）定义形式

enum 枚举类型名 {标识符 1，标识符 2，…，标识符 n}；

2）说明

（1）enum 是关键字，标识枚举类型，定义枚举类型必须以 enum 开头。

（2）定义枚举类型时花括号中的名字称为枚举元素或枚举常量。每一个元素有一个内部值（整数），默认从 0 开始，后面一个元素的值是在前一个元素的基础上加 1。也可以在定义枚举型时指定每个枚举元素的值。没有指定初值的元素在前一元素内部值的基础上

加 1。

(3) 枚举元素不是变量，不能改变其值。

(4) 枚举常量可以进行比较。

(5) 一个枚举变量的值只能是这几个枚举常量之一，可以将枚举常量赋给一个枚举变量。但不能将一个整数赋给它。

(6) 枚举常量不是字符串。例如：

enum weekday {Monday, Tuesday, Wednesday, Thursday, Friday, Saturday, Sunday};

Monday 的内部值为 0，Tuesday 的值为 1，依此类推。

enum weekday {Monday = 1, Tuesday, Wednesday, Thursday, Friday, Saturday, Sunday =0};

11. 类型定义 typedef

给原有的类型取一个新的名字。目的是简化书写或使程序可读性得到改善。例如：

typedef int INTEGER;

将 int 型定义为 INTEGER，两者等价。则：

INTEGER x, y; 与 int x, y; 等价。

3.9.2 典型题例解析

一、选择题

1. 设有以下说明语句：

struct ex { int x; float y; char z;} example;

则下列叙述不正确的是（　　）。

A. struct 是结构体类型的关键字　　B. example 是结构体类型名

C. x, y, z 都是结构体成员名　　D. ex 是结构体类型名

解析：本题考查的是对结构体定义的掌握。struct 是结构体类型的关键字，ex 是结构体类型名，example 是结构体变量名。故应选 B。

【答案】 B

2. 若有以下结构体定义：

```
struct  example
{  int x;
   int y;
}v1;
```

则（　　）是正确的引用或定义。

A. example. x =10;　　B. example v2; v2. x =10;

C. struct v2;　　v2. x =10;　　D. struct　example v2 = {10, 20};

解析：选项 A 的错误是通过结构体名引用结构体成员；选项 B 的错误是将结构体名作为类型名使用；选项 C 的错误是将关键字 struct 作为类型名使用；而选项 D 是定义变量 v2 并对其初始化的语句，故应选 D。

【答案】 D

3. 下述程序的输出结果是（　　）。

```
#include <stdio.h>
void main()
 {struct st
   {int x;
    unsigned a:2;
    unsigned b:2;
   };
 printf("\n%d",sizeof(struct st));
 }
```

A. 2.5　　　　B. 3　　　　C. 2　　　　D. 不确定

解析：通常，int 类型占用两个字节存储，上述结构体变量中的成员 a 和 b 各占用两个二进制位，不够一个字节，系统将边界调整为整数，故共占用三个字节。故应选 B。

【答案】 B

4. 对下述说明，表达式（　　）不能使变量 p->b 的值增 1。

```
struct st
{int a;
 int * b;
}* p;
```

A. * ++p->b　　　　B. * ++（（p++）->b）

C. * p->b++　　　　D.（*（p++）->b）++

解析：选项 A 中表达式的含义是使 p->b 增 1 后所指向单元的值。选项 B 中表达式的含义是使 p->b 增 1 后所指向单元的值，然后再使 p 增 1。选项 C 中表达式的含义是使 p->b 增 1。选项 D 中表达式的含义是使 p->b 所指向的单元的值增 1，然后再使 p 增 1，而 p->b 并不增加。故应选 D。

【答案】 D

5. 对下述定义，不正确的叙述是（　　）。

```
union data
{int i;
 char c;
 float f;
}a,b;
```

A. 变量 a 所占内存的长度等于成员 f 的长度

B. 变量 a 的地址和它的成员地址都是相同的

C. 可以在定义时对 a 初始化

D. 不能对变量 a 赋值，故 a=b 非法

解析：因为共用体的所有成员共用同一存储体，且其长度等于长度最大的成员的长度，所以选项 A 和选项 B 正确。C 语言规定可以在定义共用型变量时同时初始化，故选项 C 正确。因 a 含有多个成员，因此不能对其整体赋值，但变量间的赋值是允许的，可见选项 D 错

误。故应选 D。

【答案】D

6. 下面程序的执行结果是（　　）。

```
#include <stdio.h>
union un
{int i;
 char c[2];
};
void main()
{union un x;
 x.c[0]=10;
 x.c[1]=1;
 printf("\n%d",x.i);
}
```

A. 266　　B. 11　　C. 265　　D. 138

解析： 由于在共用型变量 x 中，int 型变量 i 和 char 型数组 c 共用两个字节的存储单元，并且通常 c［0］位于低字节，c［1］位于高字节。因此，x.i 的值就是数组 c 中所代表的值，即 x.i＝x.c［1］* 256＋c［0］＝266。故应选 A。

【答案】A

7. 以下程序的输出结果为（　　）。

```
#include <stdio.h>
union un
{struct{int x;int y;int z;}u;
 int k;
}a;
void main()
{a.u.x=4; a.u.y=5; a.u.z=6;
 a.k=0;
 printf("\n%d",x.u.x);
}
```

A. 4　　B. 5　　C. 6　　D. 0

解析： 本题考查的是对共用体的应用。在一个共用体变量中，任一时刻只能存储一个成员的值，当要存储另一个成员的值时，则上一次存储的成员的值将失去作用。故应选 D。

【答案】D

8. 有以下定义：

typedef int * INTEGER;

INTEGER p, * q;

则下列叙述正确的是（　　）。

A. p 是 int 型变量　　B. q 是基类型为 int 的指针变量

C. p是基类型为int的指针变量　　　　　D. 程序中可用INTEGER代替int类型名

解析：“typedef　int　* INTEGER;”说明自定义类型INTEGER为整型指针类型，所以“INTEGER p，* q;”中的p为整型指针，q为指向整型指针的指针。故应选C。

【答案】C

9. 下面关于typedef的说法中不正确的是（　　）。

A. 用typedef可以定义各种类型名，但不能用来定义变量

B. 用typedef可以增加新类型

C. 使用typedef有利于程序的通用和移植

D. 用typedef是为已存在的类型取一个别名

解析：本题考查的是typedef类型定义的有关知识。使用typedef可以为一个已存在的类型取一个别名，但不是增加一个新类型，不能定义变量。使用typedef有利于程序的可移植。故应选B。

【答案】B

10. 执行下述语句后的结果是（　　）。

```
enum weekday{sun,mon=3,tue,wed,thu};
enum weekday day;
day=wed;
printf("%d\n",day);
```

A. 5　　　　　B. 6　　　　　C. 4　　　　　D. 编译时出错

解析：每个枚举名都有一个对应的整数值，第一个枚举名值为0，余者顺次增1。但当某一个枚举名在定义中被重新赋值时，其后的枚举名对应的整数在此基础上顺次增1。由于mon=3，所以wed的值应为5，即输出5。所以应选A。

【答案】A

二、读程序写结果题

1. 执行下述语句后，变量beta的值是（　　）。

```
union  data
{long w;
 float x;
 int y;
 char z;
}beta;
beta.w=123456;
beta.y=888;
beta.x=3.14;
beta.z='x';
```

解析：由于共用体成员共用同一块存储区，所以，对任何变量的赋值都等于对整个共用体变量赋值，变量beta的值是最后一次所赋的值。故应填'x'。

【答案】'x'

2. 下面程序的输出结果是（　　）。

```
#include <stdio.h>
void main()
{enum ex{ex1 =3,ex2 =2,ex3};
 char * str[] ={"one","two","three","four"};
 printf("%s%s%s",str[ex1],str[ex2],str[ex3]);
 }
```

解析：由于 C 语言允许几个枚举常量名取相同的序列整数值，所以 ex1 和 ex3 的值都为 3，输出时应输出 str［3］，str［2］，str［3］，即输出 fourthreefour。

【答案】fourthreefour

3.9.3 自测训练

一、选择题

1. 若有以下的定义、说明和语句，则值为 101 的表达式是（　　）。

```
struct cw
{int a;
 int * b;
}* p;
int x0[] ={11,12},x1[] ={31,32};
struct cw x[2] ={100,x0,300,x1};
p =x;
```

A. ＊p－＞b　　B. p－＞a

C. ++（p－＞a）　　D.（p++）－＞a

2. 若有以下说明和语句，则下列引用方式中不正确的是（　　）。

```
struct worker
{int no;
 char * name;
}work,*p =&work;
```

A. work. no　　B.（* p）. no　　C. p－＞no　　D. work－＞no

3. 设有 C 语句：struct T｛int n; double x;｝d，* p;，若要使 p 指向结构体变量中的成员 n，正确的赋值语句是（　　）。

A. p =&d. n　　B. * p =d. n

C. p =（struct T *）&d. n　　D. p =（struct T *）d. n

4. 以下程序的输出结果是（　　）。

```
#include <stdio.h>
void main()
{struct{ int x;int y;}d[2] ={{1,3},{2,7}};
 printf("%d\n",d[0].y/d[0].x* d[1].x);
}
```

A. 0　　B. 1　　C. 3　　D. 6

5. 设有下列C语句，则下面叙述正确的选项是（　　）。

```
typedef struct
{int n;
 char ch[8];
}stt;
```

A. stt是结构体变量名　　B. stt是结构体类型名

C. typedef struct是结构体类型　　D. struct是结构体类型名

6. 设有如下所示结构体类型定义，则下列说法错误的是（　　）。

```
struct stu
{int num;
 char name[20];
};
```

A. 结构体变量的指针就是这个结构体变量所占内存单元的起始地址

B. 经struct stu * p；定义后，指针p可以指向任何类型的结构体变量

C. 经struct stu * p；定义后，p－＞num＋1等价于（p－＞num）＋1

D. 经struct stu * p；定义后，p－＞num++等价于（* p）.num++

7. 已知教师结构体定义为

```
struct teacher
{int no;
 char name[30];
 struct
{unsigned int year;
 unsingned int month;
 unsigned int day;
}birthday;
}te,*t=&te;
```

若要求将变量te中的生日赋值为“2009年4月20日”，则正确的赋值方式为何（　　）。

A. year＝2009；month＝4；day＝20；

B. t. year＝2009；t，month＝4；t，day＝20；

C. t. birthday. year ＝2009；t. birthday. month ＝4；t，birthday. day＝20；

D. t－＞birthday. year＝2009；t－＞birthday. month＝4；t－＞birthday. day＝20；

8. 系统为一个结构体变量分配存储空间时，其所占容量为（　　）。

A. 结构体中第一个成员所占容量

B. 结构体中所有成员所占容量

C. 结构体中所有成员中所占容量最大者

D. 结构体中最后一个成员所占容量

9. 已知int类型占2个字节，char类型占1个字节，double类型占8个字节，则struct st {int num，char name [10]，double gz,} 则sizeof（struct st）的值为(　　)。

A. 18　　B. 20　　C. 8　　D. 10

10. C语言结构体类型变量在程序执行期间（　　）。

A. 所有成员一直驻留在内存中　　B. 只有一个成员驻留在内存中

C. 部分成员驻留在内存中　　D. 没有成员驻留在内存中

11. 有关结构体的正确描述是（　　）。

A. 结构体成员必须是同一数据类型

B. 结构体成员只能是不同数据类型

C. 成员运算符"."和"->"作用是等价的

D. 成员就是数组元素

12. 根据下面的定义，能打印出字母m的语句是（　　）。

```
struct person
{
 char name[9];
 int age;
};
struct person class[10] = { "john",17, "psul",19, "mary",8, "adam",16};
```

A. printf ("%c\n", class [3].name [0]);

B. printf ("%c\n", class [3].name [1]);

C. printf ("%c\n", class [2].name [1]);

D. printf ("%c\n", class [2].name [0]);

13. 以下对共同体正确的描述是（　　）。

A. 一旦定义了一个共同体变量后，即可引用该变量或该变量中的任意成员

B. 一个共同体变量中可以同时存放其所有成员

C. 一个共同体变量中不能同时存放其所有成员

D. 共同体类型数据可以出现在结构体类型定义中，但结构体类型数据不能出现在共同体类型中。

14. 下面程序段输出的正确结果是（　　）。

```
union  un
   {  int j;    double y;};
   struct student
   {  char z[10];union un b;  };
   printf("%d\n",sizeof(struct student));
```

A. 14　　B. 16　　C. 18　　D. 20

15. 以下程序的执行结果是（　　）。

```
#include <stdio.h>
struct tree
{int x;
 char * s;
```

```
}t;
void func(struct tree t)
{t.x=10;
 t.s="computer";
}
void  main()
{t.x=1;
 t.s="minicomputer";
 func(t);
 printf("%d,%s\n",t.x,t.s);
}
```

A. 10，computer　　　　B. 1，minicomputer

C. 1，computer　　　　D. 10，minicomputer

二、读程序写结果题

1. 写出下列程序段的执行结果（　　）。

```
#include  <stdio.h>
void main()
{  union{int i[2];
           long k;
           char c[4];
          }r,*s=&r;
       s->i[0]=0x39;
       s->i[1]=0x38;
       printf("%c\n",s->c[0]);
}
```

2. 下列程序的运行结果为（　　）。

```
#include <stdio.h>
void main()
{union EXAMPLE{struct{
                 int x;
                  int y;
                }in;
            int a;
            int b;
          }e;
       e.a=1;
       e.b=2;
       e.in.x=e.a* e.b;
       e.in.y=e.a+e.b;
```

```
        printf("\n%d,%d",e.in.x,e.in.y);
        printf("\n%d,%d",e.a,e.b);
}
```

3. 下列程序的运行结果为（　　）。

```
#include <stdio.h>
void main()
{struct EXAMPLE{ union{
                int x;
                int y;
              }in;
           int a;
           int b;
        }e;
      e.a=1;
      e.b=2;
      e.in.x=e.a* e.b;
      e.in.y=e.a+e.b;
      printf("\n%d,%d",e.in.x,e.in.y);
      printf("\n%d,%d",e.a,e.b);
}
```

4. 下列程序的运行结果为（　　）。

```
#include<stdio.h>
void main()
{union
 {int x;
   struct
   {char c1;
    char c2;
   }b;
 }a;
a.x=0x1234;
printf("%x,%x\n",a.b.c1,a.b.c2);
}
```

三、编程题

现有 50 个学生的信息，每个学生信息包括学号、姓名和成绩，请编制该学生成绩从高到低排序并输出排序结果的程序，要求学生信息用结构体类型来处理。

3.10　文　　件

3.10.1　知识要点复习

1. 文件概述

1）文件概念

文件是指存放在外存储器上的信息的集合。它用一个名字来标识，这个名字叫文件名。操作系统以文件为单位对数据进行管理。

2）文件分类

（1）按文件的逻辑结构。①记录文件：由具有一定结构的记录组成（定长和不定长）；②流式文件：由一个个字符（字节）数据顺序组成

（2）按存储介质。①普通文件：存储介质文件（磁盘、磁带等）；②设备文件：非存储介质（键盘、显示器、打印机等）

系统指定的 3 个标准设备文件：①标准输入文件，文件指针为 stdin；②标准输出文件，文件指针为 stdout；③标准错误输出文件，文件指针为 stderr。

（3）按数据的组织形式。①文本文件：ASCII 文件，每个字节存放一个字符的 ASCII 码；②二进制文件：数据按其在内存中的存储形式原样存放

文本文件与二进制文件存储如图 3-8 所示。

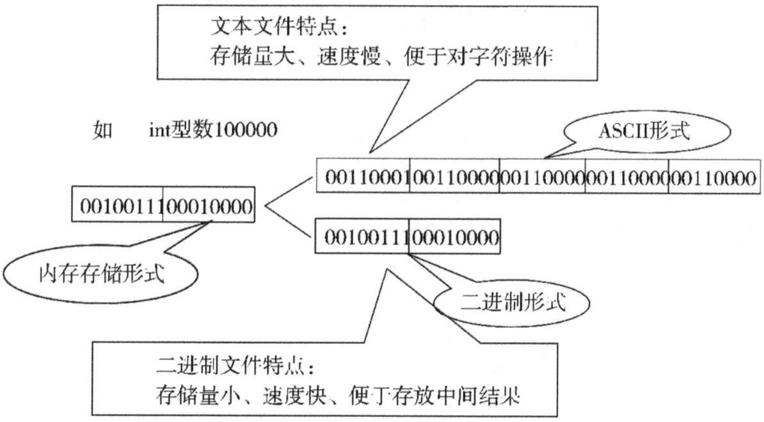

图 3-8　文本文件与二进制文件存储

3）文件处理方法

利用缓冲区将对磁盘文件的频繁逐次访问变为批量访问的做法称为标准文件操作，对应的磁盘文件系统称为缓冲文件系统，也称标准文件系统或高层文件系统。不使用缓冲区的磁盘文件系统称为非缓冲文件系统，也称非标准文件系统或低层文件系统。

4）文件的存取方式

标准 I/O 提供了 4 种文件存取方法。

（1）读写一个字符。

（2）读写一个字符串，将多个字符组成的字符串写入文件或从文件中读出。

（3）格式化读写，根据格式控制指定的数据格式对数据进行转换存取。

（4）成块读写，也称做按记录读写。

2. 文件类型指针

1）文件结构体 FILE

缓冲文件系统为每个正使用的文件在内存开辟文件信息区，文件信息用系统定义的名为 FILE 的结构体描述，FILE 定义在 stdio. h 中。

2）文件类型指针

（1）指针变量说明：

FILE * fp;

（2）用法：①文件打开时，系统自动建立文件结构体，并把指向它的指针返回来，程序通过这个指针获得文件信息，访问文件；②文件关闭后，它的文件结构体被释放。

3. 文件的打开与关闭

对文件操作的一般步骤包括打开文件、文件的读/写、关闭文件。在 C 语言中，文件操作都是由库函数来完成的。这些库函数包含在 stdio. h 头文件中。

所谓打开文件，实际上是建立文件的各种有关信息，并使文件指针指向该文件，以便进行其他各种操作。关闭文件则断开指针与文件之间的联系，也就禁止再对该文件进行操作。在 C 语言中文件的打开和关闭分别通过 fopen（）函数和 fclose（）函数来实现。

1）文件的打开

fopen 函数用来打开一个文件，其调用的一般形式为

文件指针名 = fopen（文件名，使用文件方式）;

其中：

文件指针名必须是被说明为 FILE 类型的指针变量。

文件名是被打开文件的文件名，包含文件的路径。

使用文件方式是指文件的类型和操作要求。

例如：

FILE * fp1;

fp1 = fopen（" c：\ \ tt\ \ test. exe"," rb"）;

意义：打开 C 盘的 tt 目录下的文件 test. exe，这是一个二进制文件，只允许按二进制方式进行读操作。2 个反斜线“\ \”中的第 1 个表示转义字符，第 2 个表示分隔符。

使用文件的方式共有 12 种，它们的符号和意义见表 3-2。

表 3-2　文件使用方式及意义

文件使用方式	意　　义
r	只读，打开一个文本文件，只允许读数据
w	只写，打开或建立一个文本文件，只允许写数据
a	追加，打开一个文本文件，并在文件末尾写数据
rb	只读，打开一个二进制文件，只允许读数据

续表

文件使用方式	意　　义
wb	只写，打开或建立一个二进制文件，只允许写数据
ab	追加，打开一个二进制文件，并在文件末尾写数据
r +	读写，打开一个文本文件，允许读和写数据
w +	读写，打开或建立一个文本文件，允许读写数据
a +	读写，打开一个文本文件，允许读，或在文件末追加数据
rb +	读写，打开一个二进制文件，允许读和写数据
wb +	读写，打开或建立一个二进制文件，允许读和写数据
ab +	读写，打开一个二进制文件，允许读或在文件末追加数据

2）文件的关闭

fclose 函数调用的一般形式是

fclose（文件指针）;

功能：使文件指针变量与文件“脱钩”，释放文件结构体和文件指针。

返值：关闭成功时返回值为0；否则（如磁盘空间不足、写保护或关闭已经关闭的文件）返回 EOF，即 -1。

例如：

fclose（fp）;

一般来说，打开文件这一步骤是不会忘掉的，因为不打开文件就无法对文件进行读/写操作，而关闭文件这一步骤常常被初学者漏掉，并且这种失误在程序的编译连接阶段是检查不出来的。然而这种失误却可能导致严重的后果——丢失数据。

4. 文件的读/写

1）单个字符的读/写

单个字符读/写函数是以字符（字节）为单位的读/写函数。每次可从文件读出或向文件写入一个字符。

（1）字符读函数 fgetc（）

函数调用的形式为

字符变量 = fgetc（文件指针）;

功能：从文件指针指向的文件中读取一字符代码。

返值：正常，返回读到的代码值；读到文件尾（通过键盘输入时 ctrl + z 表示文件结尾）或出错，为 EOF。例如：

ch = fgetc（fp）;　　其意义是：从打开的文件 fp 中读取一个字符并送入 ch 中。

（2）单个字符写函数 fputc（）

函数调用形式为

fputc（int c，FILE * fp）

功能：把一字符代码 c 写入 fp 指向的文件中。

返值：正常返回 c；出错为 EOF。

例如：

fputc ('a', fp);

其意义是把字符 a 写入 fp 所指向的文件中。

（3）文件结尾的判定

函数 feof（）用来判断文件（包括 ASCII 码文件和二进制文件）是否结束。

函数调用的一般形式为

feof（文件指针）

功能：判断文件是否结束。

返值：文件结束返回真（非 0）；文件未结束，返回 0。例如：while（！feof（fp））

```
    { c = fgetc (fp);
      ……
    }
```

对文本文件，因系统设定了用 EOF 作为文件结束标识。因此也可采用以下方式判断文本文件结束。

```
while ((ch = fgetc (fp)) ! = EOF)          /* fp 所指的文件为文本文件* /
      putchar (ch);
```

2）字符串读/写函数

字符串读/写函数是以字符串（或文件的行）为单位的读/写函数。每次可从文件读出或向文件写入一串字符。

（1）字符串读函数 fgets（）

函数调用的一般形式为

fgets（字符数组名，n，文件指针）；

其中的 n 是一个正整数，表示从文件中读出的字符串不超过 n－1 个字符。在读入的最后一个字符后加上字符串结束标识'\ 0'。

功能：从指定的文件中读一个字符串到字符数组中，正常时返回读取字符数组的首地址；出错或文件尾，返回 NULL。例如：fgets（str，n，fp）；，其意义是从 fp 所指的文件中读出 n－1 个字符送入字符数组 str 中。

（2）字符串写函数 fputs（）

函数调用的一般形式为

fputs（字符串，文件指针）；

其中，字符串可以是字符串常量，也可以是字符数组名或指针变量。

功能：向指定的文件写入一个字符串，fputs（）正常时返回 0；出错时返回 EOF。例如：fputs（" abcd"，fp）；，其意义是：把字符串" abcd" 写入 fp 所指的文件之中。

3）数据块读/写函数

C 语言还提供了用于整块数据的读/写函数。可用来读/写一组数据，如一个数组元素、一个结构体变量的值等。

（1）数据块读函数 fread（）

函数调用的一般形式为

fread（buffer，size，count，fp）；

其中，buffer：是一个指针，在 fread 函数中，它表示存放输入数据的首地址。

size　：表示数据块的字节数。

count：表示要读写的数据块块数。

fp　：表示文件指针。

功能：从 fp 所指的那个文件中读取 count 个 size 字节的数据项，把读出的数据放到 buffer 所指定的内存地址中。若读取成功，返回 count 的值，否则返回 -1。例如：fread（fa，4，5，fp）；。

意义：从 fp 所指的文件中，每次读 4 个字节（1 个实数）送入实型数组 fa 中，连续读 5 次，即读 5 个实数到 fa 中。

（2）数据块写函数 fwrite（）

函数调用的一般形式为

fwrite（（buffer，size，count，fp）；

其中，buffer 表示存放输出数据的首地址。其余所有参数与 fread 函数相同。

功能：在 fp 所指的那个文件中写入 count 个 size 字节的数据项，并存放到 buffer 所指定的内存地址中。若输出成功，返回 count 的值，否则返回 -1。例如：fwrite（f，4，3，fp）；。

意义：从实型数组 f 向 fp 所指向的文件写 3 个数据，每个数据占 4 个字节。

fread（）和 fwrite（）函数配对使用可用于二进制文件的输入/输出，一次读写一个或多个等长的数据块，可以对数组或结构体变量整体输入输出，大大提高了读写效率。

例如：对结构体类型数据进行读写。

```
struct student
  {char name [10];
      int num;
      float score;
      char addr [30];
    } stu [30];
```

①读（输入）操作，可采用：

```
for (i=0; i<30; i++)          /* 每次读一个学生数据* /
   fread (&stu [i], sizeof (struct student), 1, fp);
```

或采用读一次：

```
fread (stu, sizeof (struct student), 30, fp);
```

②写（输入）操作，可采用

```
for (i=0; i<30; i++)          /* 每次写一个学生数据* /
    fwrite (&stu [i], sizeof (struct student), 1, fp);
```

或采用写一次：

```
fwrite (stu, sizeof (struct student), 30, fp);
```

4）格式化读/写函数

fscanf（）函数、fprintf（）函数与前面使用的 scanf（）、printf（）函数的功能相似，都是格式化读/写函数。两者的区别在于 fscanf（）函数和 fprintf（）函数的读写对象不是键盘和显示器，而是磁盘文件。

函数的调用形式为

fscanf（文件指针，格式字符串，输入表列）；

fprintf（文件指针，格式字符串，输出表列）；

其中当文件指针为 stdin、stdout 时以上两函数等同于 scanf（）函数和 printf（）函数。

功能：按格式对文件进行 I/O 操作，成功时返回 I/O 的个数；出错或文件尾，返回 EOF。

例如：　fscanf（fp,"%d%s"，&i，s）；

fprintf（fp,"%d%c"，j，ch）；

说明：

（1）格式化读写均采用 ASCII 码方式，简单直观，易于理解。

（2）采用了 ASCII 码方式，在输入输出时要进行 ASCII 码与二进制之间的转换，花费时间，影响速度。因此如果文件数据输入/输出频繁或文件过大以及对二进制文件不宜采用格式化读/写，而应采用数据块读/写函数 fread（）和 fwrite（）。

5）文件的定位

前面介绍的对文件的读/写方式都是顺序读/写，即读/写文件只能从头开始，顺序读/写各个数据。但在实际问题中，常要求只读/写文件中某一指定的部分。为了解决这个问题，可移动文件内部的位置指针到需要读/写的位置（文件刚打开的时该指针指向文件的开头）再进行读/写，这种读/写称为随机读/写。

在结构体类型 FILE 中有一个文件定位指针（unsigned char * curp;），实现随机读/写的关键是要按要求移动该位置指针，这称为文件的定位。移动文件内部位置指针的函数主要有 2 个，即 rewind（）函数和 fseek（）函数。

（1）rewind（）函数

函数调用形式为

rewind（文件指针）；

功能：重置文件位置指针到文件开头，无返回值。

rewind（）函数常用于对文件进行多遍操作，避免对文件反复关闭和打开，提高了效率。不管当前文件的位置指针在何处，都强行让该指针指向文件头。

（2）fseek（）函数

函数调用形式为

fseek（文件指针，位移量，起始点）；

功能：改变文件位置指针的位置，成功时返回 0；失败时返回非 0 值。

其中，文件指针：指向被移动的文件。

位移量：表示以起始位置为基准移动的字节数。位移量可正可负，为正表示向文件尾的方向移动；为负表示向文件头方向移动。要求位移量是 long 型数据，以便在文件长度大于 64KB 时不会出错。当用常量表示位移量时，要求加后缀“L”。

起始点：表示从何处开始计算位移量，规定的起始点有三种：文件首、当前位置和文件尾。其表示方法见表 3-3。

表 3-3　起始点的表示方法

起始点	符号表示	数字表示
文件首	SEEK_ SET	0
当前位置	SEEK_ CUR	1
文件末尾	SEEK_ END	2

例如：

fseek（fp，100L，0）；　　　/* 把位置指针移到离文件首 100 个字节处。*/

fseek（fp，－100L，2）；　/* 把位置指针从文件末尾向前移动 100 个字节处。*/

fseek（fp，100L，SEEK_ SET）；/* 把位置指针移到离文件首向后 100 个字节处。*/

3. 10. 2　典型题例解析

一、选择题

1. 正常执行文件关闭操作时，fclose 函数的返回值是（　　）。

A. －1　　B. TRUE　　C. 0　　D. 1

解析：本题考查 fclose 函数的使用。调用 feof（）函数时，正常关闭时返回 0；否则（如磁盘空间不足、写保护或关闭已经关闭的文件）返回 EOF，即 －1。故应选 C。

【答案】C

2. feof（）函数（　　）。

A. feof（）函数　　B. 只用于二进制文件

C. 不能用于二进制文件　　D. 只能用于文本文件

解析：本题考查 feof（）函数的使用范围。调用 feof（）函数时，若文件读写指针指向文件尾，返回 1；否则，返回 0。所以 feof（）函数 feof（）函数。故应选 A。

【答案】A

3. 语句“fseek（fp，－100L，1）；”的功能是（　　）。

A. 将 fp 所指向的文件的读写指针移到距文件首 100 个字节处

B. 将 fp 所指向的文件的读写指针移到距文件尾 100 个字节处

C. 将 fp 所指向的文件的读写指针从当前位置向文件首方向移到 100 个字节

D. 将 fp 所指向的文件的读写指针从当前位置向文件尾方向移到 100 个字节

解析：函数调用“fseek（fp，－100L，1）；”将 fp 所指向的文件的读写指针从当前位置向文件首方向移到 100 个字节，而函数调用“fseek（fp，－100L，1）；”将 fp 所指向的文件的读写指针从当前位置向文件尾方向移到 100 个字节。故应选 C。

【答案】C

4. 在 C 程序中，可把整型数以二进制形式存放到文件中的函数是（　　）。

A. fprintf 函数　　B. fread 函数　　C. fwrite 函数　　D. fputc 函数

解析：只有 fread 和 fwrite 函数可以以二进制形式读取和存放数据。故应选 C。

【答案】C

5. 下列关于 C 语言文件操作的结论中，（　　）是正确的。

A. 对文件操作必须先关闭文件

B. 对文件操作必须先打开文件

C. 对文件操作顺序无要求

D. 对文件操作前必须先测试文件是否存在，然后再打开文件

解析：对文件进行读写操作之前必须先打开文件，打开文件意味着将文件与一个指针相连，然后才能通过该指针操作文件。通过打开文件也可以测试文件是否存在，并且文件操作前并不是必须先测试文件是否存在，然后再打开文件。故应选 B。

【答案】B

6. 如果需要打开一个已经存在的非空文件" f" 进行修改，正确的打开语句是（　　）。

A. fp = fopen（" f"," r"）;　　　　B. fp = fopen（" f"," ab + "）;

C. fp = fopen（" f"," w + "）;　　　　D. fp = fopen（" f"," r + "）;

解析：以选项 A 方式打开时，只能读，不能写，当然无法修改，故选项 A 不对。以选项 B 方式打开时，只能追加数据在文件原有内容之后，不能对文件内容进行修改，故选项 B 不对。以选项 C 方式打开时，原文件中已存在的内容都被清除，也不能修改，故选项 C 不对。以选项 D 方式打开时，可以将文件原来数据读出，也可以在某些位置上再写入，从而实现对文件的修改，故应选 D。

【答案】D

7. fscanf 函数的正确调用形式是（　　）。

A. fscanf（文件指针，格式字符串，输出表列）;

B. fscanf（格式字符串，输出表列，文件指针）;

C. fscanf（格式字符串，文件指针，输出表列）;

D. fscanf（文件指针，格式字符串，输入表列）;

解析：fscanf 函数与 scanf 函数参数的区别是前面多一文件指针。故应选 D。

【答案】D

8. 下列不是系统指定的标准设备文件有（　　）。

A. fopen　　B. stdin　　C. stdout　　D. stderr

解析：在 C 语言中，标准 I/O 设备可以按标准设备文件进行操作，C 语言定义的 3 个标准设备文件：①stdin 为标准输入文件，即键盘；②stdout 为标准输出文件，即显示器；③stderr 为标准错误输出文件。故应选 A。

【答案】A

9. 下列（　　）操作后，文件的读写指针不指向文件首。

A. rewind（fp）　　　　B. fseek（fp，0L，0）

C. fseek（fp，0L，2）　　　　D. foepn（" f1. c"," r"）

解析：本题考查文件读写指针指向文件首的所有合法操作。以读写方式打开文件时，文件读写指针指向文件首，rewind（fp）的功能是使文件读写指针复位，即指向文件首；fseek（fp，0L，0）的功能也是使文件读写指针指向文件首；fseek（fp，0L，2）的功能是使文件读写指针指向文件尾。故应选 C。

【答案】C

10. 以下程序把终端输入的字符输出到名为 abc. txt 的文件中，直到从终端读入字符'#'时结束输入和输出操作程序有错，出错原因是（　　）。

```
#include <stdio.h>
void main()
{FILE * fout;char ch;
 fout=fopen('abc.txt','w');
 ch=fgetc(stdin);
 while(ch!='#')
  {  fputc(ch,fout); ch=fgetc(stdin);}
 flcose(fout);
}
```

A. 函数 fopen 调用形式有误　　B. 输入文件没有关闭

C. 函数 fgetc 调用形式有误　　D. 文件指针 stdin 没有定义

解析：调用函数 fopen 打开文件时，两个参数均为字符串，所以 fopen（'abc.txt','w'）是错误的。故应选 A。

【答案】 A

二、填空题

1. 下述程序用于统计文件中的字符个数，请填空。

```
#include <stdio.h>
#include <stdlib.h>
void main()
{FILE * fp;
 long num=0;
 if((fp=fopen("TEST","r+"))==NULL)
   {printf("文件不能打开"); exit(0); }
 while(____①____)
      num++;
 ____②____;
   printf("num=%ld",num);
}
```

解析：由于程序要统计文件中的字符个数，必然需要循环读出每个字符，并且要在一定条件下终止循环。尽管每个从文件读数据的函数都可以读出一个字符，但不借助变量又能够读出一个字符的函数只有 fgetc，故①处应填 fgetc（fp）!=EOF。打开文件操作后，应该关闭文件，以防数据丢失。故②处应填空 fclose（fp）。

【答案】 ①fgetc（fp）!=EOF　　②fclose（fp）

2. 下面程序实现文件的复制，文件名来自 main 函数中的参数。请填空。

```
#include <stdio.h>
#include <stdlib.h>
void fcopy(FILE  * fout,FILE * fin)
{  char k;
```

```
    do
    {k = fgetc(____①____);
     if(feof(fin))
           break;
     fputc(____②____);
    }while(1);
}
void main(int argc,char * argv[])
{FILE * fin,*fout;
 if(argc!=3)exit(0);
 if((fin=fopen(argv[2],"rb"))==NULL)exit(0);
 fout = ____③____;
 fcopy(fout,fin);
 fclose(fin);
 fclose(fout);
}
```

解析：主程序中，argv［0］为命令本身，argv［2］是以读方式打开的原文件，argv［1］必然是复制后的文件名。因此③处应是以写方式打开文件 argv［1］，故应填 fopen（argv［1］，" wb"）。函数 fcopy 中，fgetc 的功能是读，故①处应填入被读出数据的文件指针 fin。调用 fputc 函数的作用是将字符 k 写入文件 fout，故②处应填 k，fout。

【答案】①fin　　②k，fout　　③fopen（argv［1］，" wb"）

3. 以下程序将数组 a 的 4 个元素和数组 b 的 6 个元素写到名为 lett. dat 的二进制文件中，请填空。

```
#include <stdio.h>
#include <stdlib.h>
void main()
{FILE  * fp;
 char a[]="1234",b[]="abcedf";
 if((fp=fopen("____①____","wb"))==NULL) exit(0);
 fwrite(a,sizeof(char),4,fp);
 fwrite(b,____②____,6,fp);
 fclose(fp);
}
```

解析：本题主要考查函数 fwrite（char * pt，unsigned size，unsigned n，FILE * fp），把 pt 所指向的 n* size 个字节输出到 fp 所指定的文件中。故①处应填入 lett. dat，②处应填入 sizeof（char）。

【答案】①lett. dat　　②sizeof（char）

3.10.3　自测训练

一、选择题

1. 在标准库函数的调用形式“fread（buffer，size，count，fp）;”中，参数 buffer 代表的是（　　）。

A. 一个整型变量，代表要读入的数据总数

B. 一个文件指针，指向要读的文件

C. 一个指针，指向读入数据存放的首地址

D. 一个存储区，存放要读的数据项

2. 若 fp 是指向某文件的指针，且已读到该文件的末尾，则 C 标准函数 feof（fp）的返回值是（　　）。

A. -1　　B. 1　　C. 0　　D. NULL

3. 16 位系统中，将一个整数 12 000 分别以 ASCII 码文件和二进制文件形式存放，各自需要占据的存储空间字节数分别是(　　)。

A. 5 和 2　　B. 2 和 5　　C. 2 和 2　　D. 5 和 5

4. 若要用 fopen 函数打开一个新的二进制文件，该文件要既能读也能写，则文件读写方式字符串应是（　　）。

A. 'a+'　　B. 'r+'　　C. 'rb+'　　D. 'ab+'

5. 函数 fscanf 的功能是（　　）。

A. 将信息从文件输入　　B. 将信息输出到文件

C. 将信息从控制台输入　　D. 将信息输出到控制台终端上

6. 以下叙述不正确的是（　　）。

A. C 语言中的文本文件以 ASCII 形式存储数据

B. C 语言对二进制文件的访问速度比文本文件快

C. C 语言中，随机读写方式不适用于文本文件

D. C 语言中，顺序读写方式不适用于二进制文件

7. 如果程序中有语句 FILE * fp; fp = fopen（" abc.txt"," w"）; 则程序准备(　　)。

A. 对文件读写操作　B. 对文件读操作　C. 对文件写操作　D. 对文件不操作

8. 使用 fopen（）以文本方式打开或建立可读可写文件，要求：若指定的文件不存在，则新建一个，并使文件指针指向其开头；若指定的文件存在，打开它，将文件指针指向其结尾。正确的“文件使用方式”是（　　）

A. " r+"　　B. " w+"　　C. " a+"　　D. " a"

9. 若定义 int a［5］;，fp 是指向某一已经正确打开了的文件的指针，下面的函数调用形式中不正确的是（　　）。

A. fread（a［0］，sizeof（int），5，fp）;　　B. fread（&a［0］，5* sizeof（int），1，fp）;

C. fread（a，sizeof（int），5，fp）;　　D. fread（a，5* sizeof（int），1，fp）;

10. 若要打开 D 盘上子目录 tt 下的二进制文件 test.bin，在调用函数 fopen 时，第一个参数的正确格式是（　　）。

A. " d：tt\\test.bin "　　B. " d：\\tt\\test.bin "

C. " d：\\tt\\test. bin "　　　　D. " d：\tt\test. bin "

二、填空题

1. 下面程序的功能是从当前目录下的文本文件“f1. txt”中读取前 10 个字符，依次显示在屏幕上；如果文本文件中不足 10 个字符，则读完为止；请填空完善程序。

```
#include <stdio.h>
void main()
{FILE * fp;
 int i;
 char c;
 if(_____①_____ ==NULL)
 {printf("Can't open this file! \n");return; }
for(i=0;i<10;i++)
 {  if(feof(fp))
         break;
    c=fgetc(fp);
    putcharC.;
  }
 fclose(fp);
}
```

2. 下面程序的功能是从键盘输入一些字符，逐个把它们写的文件中去，直到输入一个“#”字符为止，请填空完善程序。

```
#include<stdio.h>
#include<stdlib.h>
void main()
{  FILE* fp;
   char ch,filename[10];
   printf("Input filename: ");
   scanf("%s",filename);
   if((fp=fopen(filename, "w"))==NULL)
   {printf("cannot open file \n");   exit(0);}
   while((ch=getchar())!='#')
   {_____①_____;
    putchar(ch);
   }
   fclose(fp);
}
```

3. 使用命令行参数形式编写程序，实现 DOS 命令分页显示文本文件的功能，要求一行显示 20 行，按任意键后继续显示下一页。

```
#include <stdio.h>
void main(int argc,char * * argv)
{FILE * fp;  int n=1;  char w[82];
 if((fp=fopen(argv[1]," ______①______ "))==NULL)
 {puts("无法打开文件！"); return;}
while(______②______)
 {fgets(______③______,81,fp); printf("%s",w);
  if(______④______)    getch();
 }
 fclose(fp);
}
```

三、编程题

编程完成学生成绩统计：①建立一个包含 30 个学生成绩的文件：stu1. dat 每个学生的数据包括姓名，学号以及计算机、英语、高等数学三门课的成绩；②求每个学生的总分和平均分，给上题中的数据增加上平均分和总分，文件名为 stu2. dat；③对 stu2. dat 按总分排序，结果存入文件 stu3. dat。

参 考 文 献

郭继展 . 2003. 新编 C 语言学习指导与习题 . 北京：机械工业出版社
何钦铭 . 2003. C 语言程序设计 . 北京：人民邮电出版社
黄维通，马力妮 . 2003. C 语言程序设计 . 北京：清华大学出版社
林华聪 . 2002. C 语言程序设计思想与实践 . 北京：冶金工业出版社
谭浩强 . 2006. C 语言程序设计试题汇编（第二版）. 北京：清华大学出版社
徐士良 . 1994. C 常用算法程序集 . 北京：清华大学出版社
杨路明 . 2005. C 语言程序设计教程 . 北京：北京邮电大学出版社
朱贵良，等 . 2002. 新编 C 语言程序设计教程 . 北京：人民邮电出版社

附录1 常用算法

算法1 求最大公约数

求两个正整数 m、n 的最大公约数。

1. 算法思想

使用辗转相除法求两个正整数 m、n 的最大公约数的算法思想如下。

（1）若 m<n，则将 m、n 交换。

（2）求 m 与 n 的余数 r。

（3）若 r=0，则 n 为最大公约数，转（5）。否则执行（4）。

（4）将 n 的值放在 m 中，将 r 的值放在 n 中，转（2）。

（5）算法结束，n 中的值即为所求最大公约数。

2. 程序实现

```
#include <stdio.h>

int gys(int m,int n)
{int t,r;
 if(m<n){t=m;m=n;n=t;}
 r=m% n;
 while(r!=0)
  {m=n;n=r; r=m% n;}
 return n;
}
void main()
{int x,y;
 scanf("%d,%d",&x,&y);
 printf("最大公约为:%d, 最小公倍数为:",gys(x,y));
}
```

算法2 求最小公倍数

求两个正整数 m、n 的最小公倍数。

1. 算法思想

两数的积除以最大公约数所得的商即为最小公倍数。

2. 程序实现

```
#include <stdio.h>
```

```
int gbs(int m,int n)
{int t,r,a=m,b=n;
 if(m<n) {t=m;m=n;n=t;}
 r=m% n;
 while(r!=0)
  {m=n;n=r; r=m% n;}
   return (a* b)/n;
  }
void main()
{int x,y;
 scanf("%d,%d",&x,&y);
 printf("最小公倍数为:%d, ",gbs(x,y));
}
```

算法3　求　阶　乘

求n! 的值。

1. 算法思想

因为n!=1* 2* 3* …* n，所以用循环方式将1～n以此累乘到乘积中，乘积初始值为1。

2. 程序实现

```
#include <stdio.h>

long fac(int n)
{int i=1;
 long f=1;
 while(i<=n)
 {f=f* i;
  i=i+1;
 }
 return f;
}
void main()
{int m;
scanf("%d",&m);
printf("%d!=%ld\n",m,fac(m));
}
```

算法4 判断一个数是否为素数

判断一个正整数 n 是否为素数。

1. 算法思想

素数是除 1 和它本身之外不能被其他任何整数整除的正整数。测试正整数 n 是否为素数的方法是如果用 2 到 sqrt（n）的数依次去除 n，只要有一个数能将 n 整除，n 就不是素数，否则，n 为素数。

2. 程序实现

```
#include <stdio.h>
#include <math.h>
int prime(int n)
  {int i,f=1;
    for(i=2;i<=sqrt(n);i++)
    if(n% i==0){f=0;break;}
    return(f); /* f的值是1时,表明n为素数,否则不是素数* /
  }
void main()
{int m,k;
 scanf("%d",&m);
 k=prime(m);
 if(k==1)
      printf("%d是素数! \n",m);
else
    printf("%d不是素数! \n",m);
}
```

算法5 求 Fibonacci 数列

求 Fibonacci 数列的前 30 项。

1. 算法思想

用数学公式为 f（n）= f（n－1）+f（n－2），即 Fibonacci 数列的特点是任意第三个数是它前面两个数的和。求解的方法通常有四种。

（1）假设 Fibonacci 数列的初值分别放在 a，b 单元中，直接通过 a，b 来实现。

（2）借助第三个单元 c 来实现。

（3）用数组来实现。

（4）用递归的方法来实现。

2. 程序实现

方法一：

```
#include <stdio.h>
void main()
{long a,b,n;
 int j;
 a=0;b=1;
 for(j=1;j<=15;j++)
 {printf("%9ld %9ld",a,b);
  if(j%3==0)  printf("\n");
  a=a+b; b=a+b;
 }
}
```

方法二：

```
#include <stdio.h>
void main()
{long a,b,c,k; /* k 为 Fibonacci 数的个数* /
 int j;
 a=0;b=1; printf("%9ld %9ld",a,b);k=2;
 for(j=1;j<=28;j++)
 {c=a+b; printf("%9ld ",c);k++;
  if(k%6==0)  printf("\n");
  a=b;b=c;
 }
}
```

方法三：

```
#include <stdio.h>
void fib(long f[],int n)
{int j;
 f[0]=0;
 f[1]=1;
 for(j=2;j<n;j++) f[j]=f[j-1]+f[j-2];
}
void main()
{long fb[30];
 int i;
 fib(fb,30);
 for(i=0;i<30;i++)
```

```
{printf("%9ld",fb[i]);
if((i+1)%6==0)  printf("\n");
}
}
```

方法四：

```
#include <stdio.h>

long fib(int n)
{if(n==1) return 0;
 else if(n==2) return 1;
       else return(fib(n-1)+fib(n-2));
}

void main()
{int j;
 for(j=1;j<=30;j++)
  {printf("%9ld",fib(j));
   if(j%6==0)  printf("\n");
  }
}
```

算法6 选择排序

使用简单选择排序方法将对 n 个数按升序排列。

1. 算法思想

将数组中第 1 个元素的值与其后的所有元素的值进行比较，如果前者大于后者就互换，这样将所有元素中最小值（按升序）放在第 1 个元素中，然后又将第 2 个元素的值与其值后的所有元素的值进行比较，如果前者大于后者就互换，这样将余下元素中最小值（按升序）放在第 2 个元素中……直到最后一个元素为止。

2. 程序实现

```
#include <stdio.h>
void SelectSort(int R[],int n)
{    int i,j,k,l,temp;
     for (i=0;i<n-1;i++)              /* 做第 i 趟排序* /
     {  k=i;
       for (j=i+1;j<n;j++)   /* 在[i..n-1]中选 key 最小的 R[k] * /
         if (R[j]<R[k])
           k=j;            /* k 记下的最小关键字所在的位置* /
```

```
        if (k!=i)           /* 交换R[i]和R[k] * /
        {temp=R[i]; R[i]=R[k];R[k]=temp;}
        printf("i=%d趟排序结果:",i);
        for(l=0;l<n;l++)
            printf("%d ",R[l]);
        printf("\n");
      }
    }

  void main()
  {int i,j,x[10];
    for(j=0;j<10;j++)
        scanf("%d",&x[j]);
    printf("排序前的数据序列:\n");
    for(j=0;j<10;j++)
        printf("%d ",x[j]);
    printf("\n");
    SelectSort(x,10);
    printf("排序后的数据序列:\n");
    for(j=0;j<10;j++)
        printf("%d ",x[j]);
  }
```

算法7　冒泡排序

使用冒泡排序排序方法将对n个数按升序排列。

1. 算法思想

方法一：从上向下冒泡的冒泡排序的基本思想如下。

（1）首先将第1个记录的关键字和第2个记录的关键字进行比较，若为“逆序”（即r[0]>r[1]），则将两个记录交换之，然后比较第2个记录和第3个记录的关键字。依此类推，直至第n-1个记录的关键字和第n个记录的关键字比较过为止。这是第一趟冒泡排序，其结果是使得关键字最大的记录被安置到最后一个记录的位置上。

（2）然后进行第二趟冒泡排序，对前面的n-1个记录进行同样的操作，其结果是使关键字次大的记录被安置到第n-1个记录的位置；

一般地，第i趟冒泡排序是从r[0]到r[n-i+1]依次比较相邻两个记录的关键字，并在“逆序”时交换相邻记录，其结果是这n-i+1个记录中关键字最大的记录被交换到第n-i+1的位置上。整个排序过程需要进行K（1≤K<n）趟冒泡排序，显然，判别冒泡排序结束的条件应该是“在一趟排序过程中没有进行过交换记录的操作”。

方法二：从下向上冒泡的冒泡排序的基本思想是：

（1）首先将第 n－1 个记录的关键字和第 n 个记录的关键字进行比较，若为“逆序”（即 r［n］<r［n－1］），则将两个记录交换之，然后比较第 n－2 个记录和第 n－1 个记录的关键字。依此类推，直至第 1 个记录的关键字和第 2 个记录的关键字比较过为止。这是第一趟起泡排序，其结果是使得关键字最小的记录被安置到第一个记录的位置上。

（2）然后进行第二趟起泡排序，对后面的 n－1 个记录进行同样的操作，其结果是使关键字次小的记录被安置到第 2 个记录的位置；

一般地，第 i 趟起泡排序是从 r［n］到 r［i］依次比较相邻两个记录的关键字，并在“逆序”时交换相邻记录，其结果是这 n－i＋1 个记录中关键字最小的记录被交换到第 i 的位置上。整个排序过程需要进行 K（1≤K<n）趟起泡排序，显然，判别起泡排序结束的条件应该是“在一趟排序过程中没有进行过交换记录的操作”。

2. 程序实现

方法一：

```
#include <stdio.h>
void bibubble0(int r[],int n)/* 冒泡排序算法* /
{  int i,j,k;
   int temp;
   for (i=0;i<n-1;i++)
   {  for (j=n-1;j>i;j--)/* 比较,找出本趟最小关键字的记录* /
       if (r[j]<r[j-1])
       {
         temp=r[j];  /* r[j]与r[j-1]进行交换,将最小关键字记录前移* /
         r[j]=r[j-1];
         r[j-1]=temp;
       }
   printf("         i=%d  ",i);/* 输出每一趟的排序结果* /
   for (k=0;k<n;k++)
       printf("% 2d",r[k]);
   printf("\n");
   }
}

void main()
{int j,x[10];
 for(j=0;j<10;j++)
    scanf("%d",&x[j]);
 printf("排序前的数据序列:\n");
 for(j=0;j<10;j++)
    printf("%d ",x[j]);
 printf("\n");
```

```
    bibubble0(x,10);
    printf("排序后的数据序列:\n");
    for(j=0;j<10;j++)
       printf("%d ",x[j]);
}
```

方法二:

```
#include <stdio.h>

void bibubble1(int r[],int n)
{  int flag=1;
    int i=0,j,l;
    int temp;
    while(flag==1)
    {  flag=0;
       for(j=0;j<n-i-1;j++)
       if(r[j]>r[j+1])
       {
        flag=1;
        temp=r[j];r[j]=r[j+1];r[j+1]=temp;
       }
    printf("i=%d 趟排序结果:",i);
    for(l=0;l<n;l++)
        printf("%d ",r[l]);
    printf("\n");
   i++;
  }
}
void main()
{int j,x[10];
  for(j=0;j<10;j++)
      scanf("%d",&x[j]);
  printf("排序前的数据序列:\n");
  for(j=0;j<10;j++)
      printf("%d ",x[j]);
  printf("\n");
  bibubble1(x,10);
  printf("排序后的数据序列:\n");
  for(j=0;j<10;j++)
      printf("%d ",x[j]);
```

```
}
```

方法三：

```
#include <stdio.h>
void bibubble2(int r[],int n)
{  int flag=1;
   int i=0,j,l;
   int temp;
   while(flag==1)
   {  flag=0;
      for(j=9;j>=i+1;j--)
        if(r[j]<r[j-1])
        {flag=1;
          temp=r[j];r[j]=r[j-1];r[j-1]=temp;
        }
   printf("i=%d 趟排序结果:",i);
      for(l=0;l<n;l++)
         printf("%d ",r[l]);
   printf("\n");
  i++;
  }
}
void main()
{int j,x[10];
  for(j=0;j<10;j++)
      scanf("%d",&x[j]);
  printf("排序前的数据序列:\n");
  for(j=0;j<10;j++)
      printf("%d ",x[j]);
  printf("\n");
  bibubble2(x,10);
printf("排序后的数据序列:\n");
  for(j=0;j<10;j++)
      printf("%d ",x[j]);
}
```

算法8 插入排序

使用冒泡排序排序方法将对n个数按升序排列。

1. 算法思想

插入排序的基本思想是从数组中的第二个元素开始，依次把后面的元素按小到大（若为升序）插入前面的元素中。例如，把下列数组按升序排列，则插入过程为

数组元素：	a [0]	a [1]	a [2]	a [3]	a [4]
数组元素的内容：	20	12	13	1	3
第一步：	[12	20]	13	1	3
第二步：	[12	13	20]	1	3
第三步：	[1	12	13	20]	3
第四步：	[1	3	12	13	20]

如要实现第 i 步，其方法如下。

（1）引入一个中间单元 t，将 t = a [i]（如第一步 i 取 1），再引入一个记下标的变量 k，然后将 i - 1（如第一步 i 取 1）赋给 k。

（2）由于 k > =0 && t < a [k]成立，则将 a [k + 1] = a [k]（如第一步 a [1] = a [0]），同时 k --；重复（2），否则，将 a [k + 1] = t。

2. 程序实现

```
#include <stdio.h>
void InsertSort(int R[],int n) /* 对R[0..n-1]按递增有序进行直接插入排序* /
{  int i,j,k,temp;
   for (i =1;i <n;i ++)
   {temp =R[i];
    j =i -1;  /* 从右向左在有序区 R[0.. i -1]中找 R[i]的插入位置* /
    while (j > =0 && temp <R[j])
    {R[j +1] =R[j];/* 将关键字大于 R[i]. key 的记录后移* /
     j --;
    }
    R[j +1] =temp;             /* 在 j +1 处插入 R[i]* /
    printf("         i =%d  ",i);     /* 输出每一趟的排序结果* /
    for (k =0;k <n;k ++)
    printf("%3d",R[k]);
        printf("\n");
   }
}

void main()
{int j,x[10];
  for(j =0;j <10;j ++)
     scanf("%d",&x[j]);
```

```
  printf("排序前的数据序列:\n");
  for(j =0;j <10;j ++)
     printf("%d ",x[j]);
  printf("\n");
  InsertSort(x,10);
  printf("排序后的数据序列:\n");
  for(j =0;j <10;j ++)
      printf("%d ",x[j]);
}
```

算法9 顺序查找

用顺序查找方法在数组中查找数据k在其中的位置。

1. 算法思想

用待查找的关键字与数组中的各数据元素逐个顺序比较，直到查找成功或失败。顺序查找的优点是其算法简单，缺点是查找效率低。

2. 程序实现

```
#include <stdio.h>
int SeqSearch(int R[],int n,int k) /* 顺序查找算法* /
{  int i =0;
   while (i <n&&R[i]! =k)
   {  printf("%d ",R[i]);
      i ++;/* 从表头往后找* /
   }
   if (i > =n)
            return -1;
   else
   {  printf("%d",R[i]);
      return i;
   }
}
void main()
{int j,x[10],y,m;
  for(j =0;j <10;j ++)
  scanf("%d",&x[j]);
  printf("输入待查数据:\n");
  scanf("%d",&y);
  m = SeqSearch(x,10,y);
  printf("\n");
```

```
  if(m == -1)
    printf("待查元素不在数据序列中！ \n");
  else
    printf("待查元素在数据序列第%d 个位置！ \n",m+1);
}
```

算法 10　二 分 查 找

用二分查找法在数组中查找数据 k 在其中的位置。

1. 算法思想

二分查找法仅适合于对有序数列进行查找，其查找效率高。假设有一组数据按升序排列。二分查找法的基本思想：先用“中间元素”与关键字比较，若相等，则找到；若关键字的值大于“中间元素”的值，则用右半部分的“中间元素”再与关键字比较；否则，用左半部分的“中间元素”再与关键字比较。如此重复，直到找到或找不到为止。

2. 程序实现

```
#include <stdio.h>
int BinSearch(int R[],int n,int k)   /* 二分查找算法* /
{  int low=0,high=n-1,mid,count=0;
   while (low<=high)
   {  mid=(low+high)/2;
      printf("第%d 次查找:在[%d,%d]中查找到元素 R[%d]:%d \n", ++
count,low,high,mid,R[mid]);
      if (R[mid] ==k)   /* 查找成功返回* /
          return mid;
      if (R[mid] >k)      /* 继续在 R[low..mid-1]中查找* /
          high=mid-1;
      else
          low=mid+1;          /* 继续在 R[mid+1..high]中查找* /
   }
   return -1;
}
void main()
{int j,x[10],y,m;
 for(j=0;j<10;j++)
    scanf("%d",&x[j]);
 printf("输入待查数据:\n");
 scanf("%d",&y);
 m=BinSearch(x,10,y);
 printf("\n");
```

```
    if(m == -1)
       printf("待查元素不在数据序列中！ \n");
    else
      printf("待查元素在数据序列第%d 个位置！ \n",m+1);
}
```

算法 11　求数组的最小值

求一个数组中所以元素的最小值。

1. 算法思想

定义变量 min 存放当前所找到的最小数，a 为已知数组。先将数组的第一个数存放在 min 中，然后从第二个数开始，依次将数组中的每个元素与 min 比较，小的放入 min 中，直到数组的最后一个元素和 min 比较，小的放入 min。此时，min 中的数即数组中的最小数。

2. 程序实现

```
#include <stdio.h>

int findmin(int a[],int n)   /* 查找数组元素的最小值* /
{  int min,i;
   min=a[0];
   for(i=1;i<n;i++)
     if(a[i]<min) min=a[i];
   return min;
}

void main()
{int j,m,x[10];
  for(j=0;j<10;j++)
     scanf("%d",&x[j]);
  m=findmin(x,10);
  printf("数组中的最小值为:%d\n",m);
}
```

算法 12　将数组元素逆置

将一个数组 a ［n］中的元素逆置。

1. 算法思想

将数组中的第一个元素和最后一个元素交换，第二个元素和倒数第二个元素交换，第三个元素和倒数第三个元素交换，依次进行。整个过程只需遍历数组的一半元素。

2. 程序实现

```
#include <stdio.h>

void exchange(int a[],int n)   /* 查找数组元素的最小值* /
{int t,i;
 for(i=0;i<n/2;i++)
   {t=a[i];
   a[i]=a[n-i-1];
   a[n-i-1]=t;
   }
}

void main()
{int j,x[10];
 for(j=0;j<10;j++)
    scanf("%d",&x[j]);
 printf("逆置前的数组:\n");
 for(j=0;j<10;j++)
    printf("%d  ",x[j]);
 exchange(x,10);
 printf("逆置后的数组:\n");
 for(j=0;j<10;j++)
    printf("%d  ",x[j]);
}
```

算法 13 矩阵转置

将一个 n×n 的矩阵（方阵）转置。

1. 算法思想

矩阵的转置就是将矩阵中元素的行下标和列下标交换，形成的新矩阵即原矩阵的转置矩阵。转置时只需遍历矩阵（方阵）的上三角形或下三角形，将其中的元素和对应的元素进行交换即可。

2. 程序实现

```
#include <stdio.h>

void zhuanzhi(int a[][4],int n)   /* 方阵的转置* /
{int t,i,j;
 for (i=0;i<n;i++)
     for(j=i+1;j<n;j++)
     {t=a[i][j];
```

```
        a[i][j]=a[j][i];
        a[j][i]=t;
    }
}
void main()
{int i,j,x[4][4];
 for(i=0;i<4;i++)
  for(j=0;j<4;j++)
    scanf("%d",&x[i][j]);
 printf("转置前的矩阵:\n");
 for(i=0;i<4;i++)
    {for(j=0;j<4;j++)
      printf("% 4d",x[i][j]);
    printf("\n");
    }
 zhuanzhi(x,4);
 printf("转置后的矩阵:\n");
 for(i=0;i<4;i++)
    {for(j=0;j<4;j++)
      printf("% 4d",x[i][j]);
    printf("\n");
    }
}
```

算法14 两个字符串的连接

将两个字符串连接成一个字符串。

1. 算法思想

将第二个字符串中的每个字符依次连接到第一个字符串的后面。

2. 程序实现

```
#include <stdio.h>
/* 将字符串 ch2 连接到字符串 ch1 的后面形成一个新串 ch1* /
void linkchar(char ch1[],char ch2[])
{  int i,j;
   for(i=0;ch1[i]!='\0';i++);
   for(j=0;ch2[j]!='\0';j++)
     ch1[i++]=ch2[j];
   ch1[i]='\0';
```

```
}

void main()
{char c1[40],c2[40];
 printf("输入原字符串:\n");
 gets(c1);
 gets(c2);
 linkchar(c1,c2);
 printf("连接后的新字符串为:\n");
 puts(c1);
}
```

算法 15　两个字符串的比较

比较两个字符串的大小关系。

1. 算法思想

依次比较两个字符串的对应字符，若相等，则继续比较，否则返回对应字符的差值，差值为 0，则两个字符串相等；差值大于 0，则第一个串大于第二个串；差值小于 0，则第一个串小于第二个串。

2. 程序实现

```
#include <stdio.h>

/* 比较字符串 ch1 和字符串 ch2 的大小关系 */
int cmpchar(char ch1[],char ch2[])
{  int i,j;
   for(i=0,j=0;(ch1[i]!='\0')&&(ch2[j]!='\0');i++,j++)
      if(ch1[i]!=ch2[j]) break;
   return ch1[i]-ch2[j];
}

void main()
{char c1[40],c2[40];
 int k;
 printf("输入原字符串:\n");
 gets(c1);
 gets(c2);
 k=cmpchar(c1,c2);
 if(k==0)
    printf("字符串 C1=字符串 C2! \n");
 else
    if(k>0)
```

```
        printf("字符串C1>字符串C2! \n");
      else
        printf("字符串C1<字符串C2! \n");
}
```

算法16 字符串的插入

在一个字符串的某个位置插入一个字符串形成新的字符串。

1. 算法思想

先判断插入位置的合法性，不合法则退出插入，否则进行插入操作：将原串第一字符到插入位置的子串复制到新串，再将插入串复制到新串，最后将原串插入位置起到串末的子串复制到新串。

2. 程序实现

```
#include <stdio.h>
#include <string.h>
/* 在字符串ch1的第k(k>=0)个位置起插入字符串ch2*/
void insertchar(char str[],char ch1[],char ch2[],int k)
{  int j;
   if((k<=0)||(k>strlen(ch1)))   /* 参数不正确时返回空串*/
       printf("参数不正确\n");
   for(j=0;j<k-1;j++)/* 将ch1[0]~ch[i-2]复制到str*/
       str[j]=ch1[j];
   for(j=0;j<strlen(ch2);j++)/* 将ch2[0]~ch2[s2.len-1]复制到str*/
       str[k+j-1]=ch2[j];
   for(j=k-1;j<strlen(ch1);j++)/* 将ch1[i-1]~ch1[stlen
   (ch1)-1]复制到str*/
       str[strlen(ch2)+j]=ch1[j];
   str[strlen(ch1)+strlen(ch2)]='\0';
}
void main()
{char c[40],c1[40],c2[40];
 int k;
 printf("输入原字符串:\n");
 gets(c1);
 printf("输入插入字符串:\n");
 gets(c2);
 printf("输入插入位置:\n");
 scanf("%dn",&k);
```

```
 insertchar(c,c1,c2,k);
 printf("插入后的新串！ \n");
 puts(c);
}
```

算法 17　字符串的删除

删除一个字符串中某一位置开始的一个指导长度的字串。

1. 算法思想

先判断删除位置的合法性，不合法则退出删除操作，否则进行删除操作：将原串第一字符到删除位置前的子串复制到新串，再将原串被删除字串后的子串复制到新串。

2. 程序实现

```
#include <stdio.h>

#include <string.h>
/* 删除字符串 s 的第 i 个位置起长度为 j 的子串* /
void delchar(char str[],char s[],int i,int j)
{  int k;
   if (i<=0||i>strlen(s)||i+j>strlen(s)+1) /* 参数不正确时返回空串* /
       printf("参数不正确 \n");
   for (k=0;k<i-1;k++)   /* 将 s.ch[0]~s.ch[i-2]复制到 str* /
       str[k]=s[k];
   for(k=i+j-1;k<strlen(s);k++)/* 将 s.ch[i+j-1]~ch[s.len
   -1]复制到 str* /
       str[k-j]=s[k];
   str[strlen(s)-j]='\0';
}

void main()
{char c[40],c1[40];
 int k,len;
 printf("输入原字符串：\n");
 gets(c1);
 printf("输入删除位置：\n");
 scanf("%dn",&k);
 printf("输入删除长度：\n");
 scanf("%dn",&len);
 delchar(c,c1,k,len);
 printf("删除后的新串！ \n");
 puts(C).;
}
```

算法 18　有序数列的插入

在递增有序数列中插入一个数，使其仍然有序。

1. 算法思想

先将序列的最后一个元素与待插入数据比较，如果大于待插入数据，则将其后移一个位置，然后将倒数第二个元素与待插入数据比较，如果仍然大于待插入数据，则将其后移一个位置，再倒数第三个元素与待插入数据比较，如果也大于待插入数据，则将其后移一个位置，依此类推，直到某次比较小于等于待插入数据，则停止比较，此位置即为插入位置。

2. 程序实现

```
#include <stdio.h>

/* 在递增的有序数列 a 中插入数据 x 使其仍然有序* /
void insert(int a[],int n,int x)
{  int i;
   for(i =n -1;i > =0;i --)
     if(a[i] >x) a[i +1] =a[i];
     else break;
   a[i +1] =x;
}

void main()
{int j,b[11],y;
 for(j =0;j <10;j ++)
    scanf("%d",&b[j]);
 printf("插入前的数组:\n");
 for(j =0;j <10;j ++)
    printf("%d  ",b[j]);
 printf("插入的数据:\n");
 scanf("%d",&y);
 insert(b,10,y);
 printf("插入后的数组:\n");
 for(j =0;j <11;j ++)
    printf("%d  ",b[j]);
}
```

算法 19　有序数列的删除

在递增有序数列中删除一个数，使其仍然有序。

1. 算法思想

首先序列的第一个元素开始顺序往后查找被删除数据，找到则停止查找，然后将后继数据元素顺序前移一个位置，如在序列中没有找到被删除数据，则输入相应提示信息结束。

2. 程序实现

```
#include <stdio.h>
/* 在递增的有序数列 a 中删除数据 x 使其仍然有序* /
void dele(int a[],int n,int x)
{  int i,j;
   for(i =0;i <n;i ++)
     if(a[i] ==x) break;
   if(i > =n) printf("有序数列中无被删数据！ \n");
   else
       for(j =i;j <n;j ++)
         a[j] =a[j +1];
}
void main()
{int j,b[10],y;
 for(j =0;j <10;j ++)
   scanf("%d",&b[j]);
 printf("删除前的数组：\n");
 for(j =0;j <10;j ++)
    printf("%d  ",b[j]);
 printf("输入需删除的数据：\n");
 scanf("%d",&y);
 dele(b,10,y);
 printf("删除后的数组：\n");
 for(j =0;j <9;j ++)
    printf("%d  ",b[j]);
}
```

算法 20　单链表的建立

采用尾插法建立带头结点链表，h 为单链表头指针。

单链表的结点结构如下（单链表的遍历、查找、插入、删除算法中的结点结构相同）：

```
typedef struct lnode
{
    int data;              /* 数据域* /
    struct lnode * next;   /* 指针域* /
```

```
}lnode;
```

1. 算法思想

依次将要创建的新结点连接在单链表的最后一个结点后，需要记载单链表的尾结点位置，即每次先成新结点 p，其数据域为所输入数据，其链域为空（NULL），然后将其链接到原链表的尾部作为新的尾结点，并记载此尾结点位置。

2. 程序实现

```
void creat(lnode * h)
{   lnode * t,*p;
    int x;
    t=h;
    scanf("%d",&x);
    while(x!=0)
    {
      p=(lnode* )malloc(sizeof(lnode));/* 生成新结点p,并分配内存空间* /
      p->data=x;
      p->next=NULL;      /* p的指针域为空* /
      t->next=p;         /* p的next指向这个结点* /
      t=p;               /* t指向这个结点,即记载尾结点位置* /
    scanf("%d",&x);
     }
}
```

算法21 单链表的遍历

遍历带头结点单链表，h 为单链表头指针。

1. 算法思想

先遍历指针指向链表的第一个结点，然后顺着链域依次处理链表的每个结点，直至最后一个结点。

2. 程序实现

```
void print(lnode * h)
{lnode * p;
 p=h->next;
 while(p)
 {printf("%d  ",p->data); /* 输出p的数值域* /
   p=p->next;              /* p指向下一结点* /
 }
}
```

算法 22　单链表的查找

在带头结点的单链表查找数据元素 x 是否存在，h 为单链表头指针。

1. 算法思想

顺着单链表的第一个结点依次将其数据域和 x 比较，直到找到或找不到结束查找，并给出相应信息。

2. 程序实现

```
void locate(lnode * h,int x)
{  lnode * p;
   p=h->next;      /* 此时 p 为首结点* /
   while(p!=NULL&&p->data!=x) /* 进入循环,直到 p 为空,或找到 x* /
      p=p->next;    /* s 指向 p 的下一结点* /
   if(p!=NULL)
      {printf("seccess! \n");
       printf("You want lookup the node is: %d",p->data); /* 输
       出查找的值* /
      }
   else
      printf("Cann't lookup the node! \n");
}
```

算法 23　单链表的插入

在带头结点的单链表的第 i 个位置插入数据元素为 x 的结点。h 为单链表头指针。

1. 算法思想

首先顺着头结点顺序找到第 i - 1 个结点，然后生成需要插入的新结点，并将其插入第 i - 1个结点之后，即将新结点的链域指向原第 i 个结点，原第 i - 1 个结点的链域指向新结点。

2. 程序实现

```
int insert(lnode * h,int x,int i)
{  lnode * p,*s;
   int j;
   p=h->next;      /* 此时 p 为首指针* /
   j=1;
   while(p&&j<i)   /* 找到要插入的位置* /
   {  ++j;
```

```
      p=p->next;  /* p指向下一结点*/
    }
    if(i>0&&j==i)
    {s=(lnode*)malloc(sizeof(lnode));/* 生成新结点s,并分配内存空间*/
     s->data=x;          /* 把x赋值给s的数据域*/
     s->next=p->next;    /* s指向p的下一结点*/
     p->next=s;          /* p指向s*/
     return(1);          /* 如果成功返回1*/
    }
    else
     return(0);          /* 如果失败就返回0*/
}
```

算法24 单链表的删除

在带头结点的单链表中删除第i个结点。h为单链表头指针。

1. 算法思想

首先顺着头结点顺序找到第i-1个结点，然后第i-1个结点的链域指向第i+1个结点的链域，并释放原第i个结点。

2. 程序实现

```
/* 函数参数:h:单链表头指针 i:要删除的位置*/

int delete_(lnode * h,int i)
{   lnode * p,*q;
    int j;
    p=h->next;          /* 此时p为首结点*/
    j=1;
    while(p&&j<i-1)     /* 找到要删除结点的位置*/
    {   ++j;
      p=p->next;
    }
    if(i>0&&j==i-1)
    {q=p->next;         /* q指向要删除结点的结点*/
     p->next=q->next;/* p的下一个结点为q的下一个结点*/
     free(q);           /* 释放q的空间*/
     return(1);         /* 如果成功返回1*/
    }
    else
       return(0);       /* 如果失败就返回0*/
}
```

创建并遍历单链表的完整参考程序（其他操作直接调用即可!）：

```
#include <stdio.h>
#include <malloc.h>
/* 定义结点类型 */
typedef struct lnode
{  int data;                /* 数据域 */
   struct lnode * next;     /* 指针域 */
}lnode;

/* 采用尾插法建立带头结点链表,h为单链表头指针 */
void creat(lnode * h)
    lnode * t,*p;
    int x;
    t=h;
    scanf("%d",&x);
    while(x!=0)
    { p=(lnode* )malloc(sizeof(lnode)); /* 生成新结点p,并分配内存空间 */
      p->data=x;
      p->next=NULL;      /* p的指针域为空 */
      t->next=p;        /* p的next指向这个结点 */
      t=p;            /* t指向这个结点 */
      scanf("%d",&x);
    }
}

/* 遍历带头结点单链表 */
void print(lnode * h)
{  lnode * p;
   p=h->next;
   while(p)
   {  printf("%d  ",p->data); /* 输出p的数值域 */
      p=p->next;                /* p指向下一结点 */
   }
}

/* 主函数 */
void main()
{  int i,j;
   int x,y;
   lnode * h;
   h=(lnode* )malloc(sizeof(lnode)); /* 定义头结点,并分配空间 */
```

```
    h->next=NULL;     /* h指向空*/
    printf("输入需创建单链表的各个结点的数据(输入0结束!):\n");
    creat(h);  /* 调用建立链表函数*/
    printf("所创建的单链表为:\n");
    print(h);
}
```

算法25 十进制正整数转换二至十六进制数

将十进制正整数m转换为n（二至十六）进制。

1. 算法思想

将m不断除n取余数（若余数超过9，还要进行相应的变换，将余数10～15变换为A～F），直到商为0。按照反序（即先产生的余数为低位，最后产生的余数在最高位）得到n进制的代码。

2. 程序实现

方法一：

```
#include <stdio.h>
int convert(char a[],int m,int n)
{  int r,k=0;
   do
   {r=m%n;/* 数字的个位*/
    if(r<10)  a[k++]=r+48;
    else   a[k++]=87+r;
    m=m/n;   /* 商*/
   }while(m!=0);
   return k;
}
void main()
{int x,y,i,s;
 char b[32];
 printf("输入数据:");
 scanf("%d,%d",&x,&y);
 s=convert(b,x,y);
 for(i=s-1;i>=0;i--)  printf("%c",b[i]);/* 输出n进制数*/
}
```

方法二（从数制转换思想可知道，最先产生的余数应最后一个输出，最后得到的余数在最高位，应该先输出，正好与栈结构的先进后出的思想一致。因此，用递归函数实现程序代码更简练、易读）：

```
#include <stdio.h>
void convert(int m,int n)
{char a[17]="0123456789ABCDEF";
 if(m)
 {convert(m/n,n);
  putchar(a[m%n]);
 }
}

void main()
{int m,n;
 do{
    scanf("%d%d",&m,&n);
 }while(m<0||n<2||n>16);/* 保证输入数据的合法性* /
 convert(m,n);
}
```

附录 2　C 语言程序设计模拟试题

C 语言程序设计笔试模拟试题

（考试时间 120 分钟，共 100 分）

一、单项选择题。（每小题 1 分，共 20 分）

1. 假设有 int x = 11；，则表达式（x ++ * 1/3）的值是（　　）。

A. 3　　B. 12　　C. 11　　D. 0

2. 设有定义 char * s = " \t\" Name\\Address\" \n"；，那么 strlen（s）等于（　　）。

A. 15　　B. 16　　C. 17　　D. 18

3. 若有语句#define f（x，y）　x + y 及 int a = 2，b = 3；，则执行 printf（"%d"，f（a，b）* f（a，b））后输出的值为（　　）。

A. 36　　B. 25　　C. 11　　D. 13

4. 基类型相同的两个指针变量之间，不可进行的运算是（　　）。

A. ==　　B. =　　C. +　　D. -

5. 若程序中需要表示关系 x≥y≥z，应使用 C 语言表达式为（　　）。

A.（x > = y）&&（y > = z）　　B.（x > = y）AND（y > = z）

C.（x > = y > = z）　　D.（x > = y）&（y > = z）

6. 若有 C 语句 int k = 5；float x = 1.2；，则表达式（int）（x + k）的值是（　　）。

A. 5　　B. 6.2　　C. 7　　D. 6

7. 设有定义：int x,* p；，能使指针变量 p 指向变量 x 的语句是（　　）。

A. * p = &x；　　B. p = &x；　　C. * p = x；　　D. p = * &x；

8. 在执行语句 if（（x = y = 2）> = x&&（x = 5））y* = x；后变量 x，y 的值应分别为（　　）。

A. 2、2　　B. 5、2　　C. 5、10　　D. 执行时报错

9. 以下程序的输出结果为（　　）。

```
#include <stdio.h>
void main()
{   int x,n;
    for(n=10,x=0;n=0;x++,n--)
          ;
    printf("%d\n",x);
}
```

A. 程序无限循环无输出　　B. 10

C. 1　　D. 0

10. 下面程序的输出结果为（　　）。

```
#include <stdio.h>
void main()
{int x=1,y=1,z;
 z=1||++x&&y--;
   printf("\n%d,%d,%d",x,y,z);
}
```

A. 1, 1, 1　　B. 2, 0, 1　　C. 2, 1, 1　　D. 2, 0, 0

11. 下面程序执行后输出为（　　）。

```
#include <stdio.h>
void main()
{  enum weekday{sun,mon=3,tue,wed,thu};
   enum weekday  day;
   day=wed;
   printf("%d\n",day);
}
```

A. 5　　B. 6　　C. 4　　D. 编译时出错

12. 下面程序执行后输出为（　　）。

```
#include <stdio.h>
void main()
{  int a;
   printf("%d\n",(a=3*5,a*4,a+5));
}
```

A. 65　　B. 20　　C. 15　　D. 10

13. 以下程序的输出结果是（　　）。

```
#include <stdio.h>
void main()
{  struct
     {int x,y;
     }d[2]={{1,3},{2,7}};
   printf("%d\n",d[0].y/d[0].x*d[1].x);
}
```

A. 0　　B. 1　　C. 3　　D. 6

14. 下面程序执行后输出为（　　）。

```
#include <stdio.h>
int f(int n)
{if(n==1) return 1;
 else if(n==2) return 2;
 else return  f(n-1)+f(n-2);
}
```

```
void main()
{   printf("%d\n",f(4));
}
```

A. 1　　　B. 2　　　C. 3　　　D. 5

15. 下面程序的输出结果为（　　）。

```
#include <stdio.h>
void main()
{   union
    {int short x; //32位系统中,短整型数据占2个字节
     char ch[2];
    }u;
    u.x=100;
    u.ch[0]='a';   u.ch[1]=0;
    printf("%x\n",u.x);
}
```

A. 100　　　B. 97　　　C. 61　　　D. 0

16. 设有 int a=0，b=5，c=2，x=0;，下面可以执行到 x++的语句是（　　）。

A. if（a） x++;　　　B. if（a=b） x++;

C. if（a>=b） x++;　　　D. if（!（b-c）） x++;

17. 设有下列C语句，则下面叙述正确的选项是（　　）。

```
typedef struct
  {  int n;
     char ch[8];
  }Stt;
```

A. Stt是结构体变量名　　　B. Stt是结构体类型名

C. typedef struct是结构体类型　　　D. struct是结构体类型名

18. 下面程序执行后输出为（　　）。

```
#include <stdio.h>
void main()
{  int a=5,*p1,**p2;
   p1=&a;  p2=&p1;
   (*p1)++;
   printf("%d\n",**p2);
}
```

A. 5　　　B. 4　　　C. 6　　　D. 不确定

19. 表达式 k=（12<10）? 4：1? 2：3 的值为（　　）。

A. 1　　　B. 2　　　C. 3　　　D. 4

20. 若 fp 是指向某文件的指针，且已读到该文件的末尾，则C标准函数 feof（fp）的返

回值是（　　）。

A. -1　　　B. 1　　　C. 0　　　D. NULL

二、基本概念选择填空题。（本大题后面有若干备选项，请选择合适的备选项并将其号码填入各个小题的空白处。每空 2 分，共 10 分）

1. 表达式 y/ = x + a 等价于表达式＿＿①＿＿。
2. 在执行 while 循环时，其循环体＿＿②＿＿。
3. 二维数组中，各数组元素的存放顺序是＿＿③＿＿。
4. 在对文件进行操作的过程中，若要求文件的读写位置回到文件的开头，应当调用的标准库函数是＿＿④＿＿。
5. 要将一个整数 12 000 分别以 ASCII 码文件和二进制文件形式存放，各自所占的存储空间分别是＿＿⑤＿＿字节。

概念选择填空题备选项：

A. 按列存放　　　B. y = y/x + a　　　C. 5 和 4

D. y = 1/（x + a）　　　E. 输入函数　　　F. 有可能一次都不被执行

G. rewind　　　H. 按列存放　　　I. y = y/（x + a）

J. 至少要被执行一次　　　K. fseek　　　L. 4 和 5

三、程序填空题。（每空 2 分，共 20 分）

1. 下面程序的功能：计算 a 数组中奇数的个数和奇数的平均值。请填空完成程序。

```
#include <stdio.h>
void  main()
{int a[10] ={3,2,8,7,5,6,9,10,1,4},j,k =0,s =0;
 float ave;
 for(j =0;j <10;j ++)
  if( ____①____ )
    {  s + =a[j];
       k ++;
    }
  if(k! =0)
  {  ave = ____②____;
     printf("%d,% f \n",k,ave);
  }
}
```

2. 下面程序的功能：将字符串 b 连接到字符串 a 的后面。请填空完成程序。

```
#include <stdio.h>
#include <string.h>
void main()
{  char  a[20] ="I am",b[] ="a student.";
   int i,j;
```

```
   i = strlen(a);
   for(____③____;b[j]!='\0';j++)
       a[i+j] = ____④____;
   a[i+j] = ____⑤____;
   puts(a);
}
```

3. 下面程序的功能：求出100以内整数中可以被13整除的最大数。请填空完成程序。

```
#include <stdio.h>
void main()
{  int i;
   for( ;____⑥____;i--)
     if(____⑦____)
        break;
   printf("%d\n",i);
   return 0;
}
```

4. 下面程序的功能：用冒泡法对一维数组a按升序排序。请填空完成程序。

```
#include <stdio.h>
void  main()
{  void  sort(int a[],int n);
   int i,a[9]={2,6,1,4,3,5,9,8,7};
   sort(____⑧____);
   for(i=0;i<9;i++)
       printf("%3d",a[i]);
       printf("\n");
}
void  sort(int a[],int n)
{  int i,j,temp;
   for(i=0;i<____⑨____;i++)
     for(j=0;j<n-1-i;j++)
       if(a[j]>____⑩____)
       {temp=a[j];a[j]=a[j+1];a[j+1]=temp;}
}
```

四、阅读程序，填写结果（每小题5分，共30分）

1. 下列程序的运行结果是（　　）。

```
#include <stdio.h>
void main()
{  int x=-3;
```

```
    x + =x - =x* x;
    printf("x =%d \n",x);
}
```

2. 以下程序的输出结果为（　　）。

```
#include <stdio.h>
void  main()
{  void  swap(int x,int * y);
   int a =5,b =10;
   printf("%d,%d \n",a,b);
   swap(a,&b);
   printf("%d,%d \n",a,b);
}
void  swap(int x,int * y)
{  int t;
   t =x;x =* y;* y =t;
}
```

3. 以下程序的输出结果为（　　）。

```
#include <stdio.h>
#include <string.h>
void  main()
{  void  fun(char * w,int n);
   char p[] ="1234567";
   fun(p,strlen(p));
   puts(p);
}
void  fun(char * w,int n)
{  char t,*s1,*s2;
   s1 =w;   s2 =w +n -1;
   while(s1 <s2)
     {t =* s1;
      * s1 =* s2,s1 ++;
      * s2 =t,s2 --;
     }
}
```

4. 以下程序的输出结果为（　　）。

```
#include <stdio.h>
int a,b,c,d;
void  main()
```

```
{  void  p(int a,int b);
   a=b=c=d;
   printf("%3d %3d %3d %3d\n",a,b,c,d);
   p(a,b);
   printf("%3d %3d %3d %3d\n",a,b,c,d);
}
void  p(int a,int b)
{  static int c;
   a++,b++;
   c-=10,d+=5;
   if(a<2)
     p(a,b);
   printf("%3d %3d %3d %3d\n",a,b,c,d);
}
```

5. 下列程序的运行结果是（　　）。

```
#include<stdio.h>
void main()
{  int a[3][2]={1,2,3,4,5,6},*p[3],i;
   for(i=0;i<3;i++)
       p[i]=a[i];
   for(i=0;i<3;i++)
       printf("%d",*(p[i]+1));
   putchar('\n');
}
```

6. 以下程序的输出结果为（　　）。

```
#include<stdio.h>
void  main()
{  int  fact(int n);
   printf("FACT(5):%d\n",fact(5));
   printf("FACT(1):%d\n",fact(1));
   fact(-5);

}
int  fact(int n)
{if(n<0)
  {printf("FACT(<0):error! \n");
   return -1;
   }
  else if(n==1||n==0)
```

```
            return 1;
        else
    return n* fact(n -1);
    }
```

五、程序设计题。（每小题 10 分，共 20 分）

1. 编程序实现功能：求出所有各位数字的立方和等于 1099 的 3 位整数。

2. 函数 cut 的原型为 void * cut（char * s，int m，int n）;，其功能：从字符串 s 中第 m 个位置开始，截取含有 n 个字符的子串；若从 m 开始剩余的字符不足 n 个，则截取剩余的所有字符；函数返回所截子串的首地址。编制函数 cut，并用相应的主函数进行测试。

C 语言程序设计笔试模拟试题参考答案

一、单项选择题（每小题 1 分，共 20 分）

1	2	3	4	5	6	7	8	9	10
A	B	C	C	A	D	B	C	D	A
11	12	13	14	15	16	17	18	19	20
A	B	D	D	C	B	B	C	B	B

二、基本概念选择填空题（每空 2 分，共 10 分）

①I　②F　③H　④G　⑤C

三、程序填空题（每空 2 分，共 20 分）

1. ①a [j]%2 或 a [j]%2 ==1 或 a [j]%2!=0　②（float） s/k
2. ③j =0　④b [j]
3. ⑤'\ 0'　⑥i =100；i >0
4. ⑦i%13 ==0 或!（i%13）　⑧a，9 或 a，sizeof （a） /sizeof （int）
5. ⑨n -1　⑩a [j +1]

四、阅读程序，填写结果。（每小题 5 分，共 30 分）

1. x = -24
2. 5，10
   5，5
3. 7654321
4. 0　0　0　0
   2　2　-20　10
   1　1　-20　10
   0　0　0　10
5. 2　4　6
6. FACT （5）：120
   FACT （1）：1

FACT (<0): error!

五、程序设计题。(每小题10分,共20分)

1. 参考程序一:

```
#include <stdio.h>
void main()
{int a,b,c;
    for(a=1;a<=9;a++)
      for(b=0;b<=9;b++)
        for(c=0;c<=9;c++)
          if(a*a*a+b*b*b+c*c*c==1099)
             printf("%d%d%d\n",a,b,c);
}
```

参考程序二:

```
#include <stdio.h>
void main()
{  int a,b,c,n;
   for(n=100;n<1000;n++)
   {a=n/100;
    b=n%100/10;    /* b=n/10%10;   */
    c=n%10;
    if(a*a*a+b*b*b+c*c*c==1099)
          printf("%d%d%d\n",a,b,c);
   }
}
```

2. 参考程序:

```
#include <stdio.h>
char * cut(chat * ,int,int);
void main()
{char s[]="goodmorning",*p;
 p=cut(s,10,4);
 printf("%s\n",p);
}
char * cut(chat * s,int m,int n)
{int i;
 static char sub[20];
 for(i=0;i<n;i++)
    sub[i]=s[m+i-1];
 sub[i]='\0';
```

```
  return sub;
 }
```

C 语言程序设计上机模拟试题

（考试时间 60 分钟，共 100 分）

1. 函数的原型数说明为 int chrn (char * s, char c);，其功能是测试 c 在 s 中出现的次数，编制该函数并用相应的主函数对其进行测试。

2. 从键盘输入一些字符，逐个把它们写到文件中去，直到输入一个'#'为止。请填空。

```
#include <stdio.h>
void main()
{FILE * fp;
 char ch,filename[10];
 scanf("%s",filename);
 if(______①______ ==NULL)
   {printf("cannot open file \n");   return;}
 while(________②________)
 {  fputc(ch,fp);
     putchar(ch);
 }
 fclose(fp);
}
```

3. 以下程序中，select 函数的功能是：在 N 行 M 列的二维数组中，选出一个最大值作为函数值返回，并通过形参传回此最大值所在的行下标。请改正程序中带“★”行中的错误。

```
      #include <stdio.h>
      select(int a[3][3],int * n)
      {  int i,j,row=1,colum=1;
★         for(i=0;i< =3;i++)
            for(j=0;j<3;j++)
          if(a[i][j] >a[row][colum])
            row=i,colum=j;
★         n=row;
          return(a[row][colum]);
      }
      void main()
      {  int a[3][3]={9,11,23,6,1,15,93,17,20},max,n;
★         max=select(a,n);
          printf("max=%d,line=%d\n"max,n);
      }
```

C语言程序设计上机模拟试题参考答案

1.
```
#include <stdio.h>
int chrn(char * s,char c)
{  int count=0;
   while(* s)
   if(* s++==c)
       count++;
   return count;
}
void main()
{  char str[100],ch;
   gets(str);
   ch=getchar();
   printf("%d\n",chrn(str,ch));
}
```

2. ① (fp=fopen(filename," w"))

   ② (ch=getchar())!='#'

3.
```
for(i=0;i<3;i++)          /* 错误:for(i=0;i<=3;i++)  */
* n=row;                  /* 错误:n=row;             */
max=select(a,&n);         /* 错误:max=select(a,n);   */
```